norsk

TEACHER'S
MANUAL

Kathleen Stokker

NORDMENN og NORGE

Kathleen Stokker & Odd Haddal

The University of Wisconsin Press

The University of Wisconsin Press
2537 Daniels Street
Madison, Wisconsin 53718

3 Henrietta Street
London WC2E 8LU, England

7   6   5   4   3

Printed in the United States of America

ISBN   0-299-08804-9

CONTENTS

(Examinations)

FOREWORD

The teacher's manual is divided into three sections:
1) Teaching suggestions, including the general philosophy of the approach plus chapter-by-chapter ideas and aids.
2) Answers to the textbook exercises, where the exercises and their answers (excluding the spørsmål) appear according to their order in the text. This section also contains an extra set of translation exercises that may be used for pre-examination review.
3) Sample examinations, containing ideas for tests that my be adapted by individual instructors to suit class-period length and teaching philosophy. In addition a short bibliography of books, pamphlets and magazines offering further information about language teaching methods, rules of Norwegian grammar and usage, and supplementary material to use in the classroom has been included.

Many individuals have contributed to the present manual. I would especially like to thank Louis Janus, Dennis Magnuson, Harley Refsal, Constance Knop and Helen Jorstad for their advice and assistance. A big thanks is also due to Henrietta Torgerson for her invaluable help in typing the final manuscript.

Since this is the first edition of this manual, users of it are invited to contact the author with any reactions to the material it contains so that subsequent editions may better reflect the needs of instructors using the text.

December 17, 1980   Kathleen M. Stokker
                                     Luther College
                                     Decorah, Iowa

TEACHING SUGGESTIONS

The method an instructor chooses to use must to a great extent be determined by and tailored to that individual instructor's own personality, as well as the nature of the students and the context of a given teaching situation. Therefore, no attempt is being made here to prescribe the way the material in the textbook should be presented. What follows are rather some suggestions that may serve to stimulate the instructor's own thinking as he or she adapts them to suit a personal teaching style and situation.

The underlying philosophy of Norsk, nordmenn og Norge is that language is a tool of communication. Students seem to respond well to this concept and to its logical extension, namely, the greatest possible use of the language in the classroom. Some instructors prefer to use Norwegian exclusively, while others like to use a mixture of the languages, preserving the right to explain points of grammar in English. Whatever your personal style requires, it is a good idea to have such phrases as "Vær så god," "På side...," "Hva betyr ... i linje...?" etc., replace their English counterparts as soon as possible. The use of Norwegian by both instructor and students for daily class operations should be facilitated by the fact that most of this vocabulary is introduced in the text and thus does not require extra vocabulary for the students.

Personalizing the material -- immediately applying new vocabulary and structures to actual information-exchanging situations -- will further enhance the students' perception that the new language can indeed be used for communication. From the very first class period, when Norwegian is used to find out the names and hometowns of the class-members, and throughout the rest of the course, questions should be addressed to individual students so that the new vocabulary may become personally meaningful to them. The instructor may first ask a question of an individual student, then have each half of the class ask each other, then have individuals practice exchanging information with each other. This personal "interview" may then be followed by a writing assignment in which each student submits five facts about the person "interviewed" or, later, writes an essay about that person or about him/herself.

Instructors are urged to use the textbook to the least possible extent during the class period. This may be achieved by preparing well in advance the material to be covered, its order and the strategies, drills, etc., to be used. The content of the class period ought to be varied and may include introducing new material, reviewing previous material and allowing students to practice both types with each other. The pace should be lively, showing a preference for returning to specific points and practicing them at several different points during the period, rather than getting bogged down on a single point. Operating without the textbook will encourage the instructor to find concrete examples in the classroom (or prepared slides and props) to illustrate new vocabulary and grammatical constructions. It will also encourage better eye-contact with the students, who are more likely to be actively following along rather than being somewhere on their own in the text.

The value of having students work with each other in pairs or small groups with the teacher as a circulating resource person is worthy of further amplification. This allows each student a greater degree of participation than the traditional "teacher-centered" situation, and it frees the students to ask questions that they might refrain from asking in the larger group and/or forget to ask by the time the period ends. In addition to practicing question-answer constructions in this way, the use of pairs and small groups may be applied to practicing drills and answering questions on the reading sections. In the latter two cases, one student per pair/ group is designated the leader and given the entire drill or set of questions and answers. That individual then conducts the session within the group as the instructor would with the entire class. In using small groups, three things are important to keep in mind: 1) The students should know exactly what they are to be doing, 2) the instructor should be present, answering questions, spotting difficulties, etc., and 3) there should be some sort of follow-up with the whole class afterward.

Another way of making the students active participants rather than passive receivers is to give them more responsibility in the presentation of the material. Have them deduce a grammar rule based on some well-chosen examples, introduce new vocabulary by pronouncing the word and having the students tell you how to spell the word as you write it on the board, tell the students a rule and have them give illustrative examples of it. Written assignments may be corrected by having selected students write the exercises on the board and the other students determine whether or not they are cor- rect. In all cases, the more actively and personally involved the student becomes, the greater impression the material is likely to make.

Finally, it is important that the students feel confident that they are making progress in learning the language. Rules of grammar should be well reinforced before their exceptions are brought into the picture. Approaching the material with the attitude that it can be mastered will encourage the students to use Norwegian in their own exchanges both in and outside the classroom. One way of helping them achieve this feeling of mastery (and of getting the class off to a lively start) is to begin each period with a "warm-up." This may consist of random personal questions based on famil- iar material, a previous day's drill, one of the Vi lærer utenat dialogues in which the instructor plays role A and the class is B, or a reading which employs mostly known vocabulary. The Lesestykke selections in the text are most often readings of this type.

The more specific suggestions that follow are based on the philosophy stated above. The following suggestions attempt to in- crease the amount of class time that is spent actually speaking/ hearing Norwegian and they also attempt to increase the degree of participation of each individual student.

Chapter 1: GOD DAG

<u>Contents</u>: Hello. What's your name? Where are you from? Where is your family from? How are you?

<u>Grammar</u>: Basic sentence structure. Negation. Question formation, with interrogatives and with inversion. The personal pronouns <u>du</u>, <u>jeg</u>, <u>han</u> and <u>hun</u>.

Introduce yourself in Norwegian using the structure in the first monologue. Set a goal for the students: By the end of the period they will not only understand what you said but be able to use this material in conversations with their fellow students. Then take each of the units of information individually: "Jeg heter ___." Have each student (in chorus) say the sentence, filling in his/her own name. Then introduce the question "Hva heter du?" Have the whole class ask you your name, have halves of the class ask each other, then have individual pairs practice the exchange.

<u>Han/hun</u>: Ask a female student, "Hva heter du?" When she responds, introduce her to the class: "Hun heter ___." Practice the feminine pronoun using several more examples, then apply the same procedure to introducing the masculine pronoun <u>han</u>.

<u>Hvor er du fra?</u>: The same procedure may be applied to learning the exchange "Hvor er du fra?" "Jeg er fra ___." (Also here practice the sentences with <u>han</u> and <u>hun</u>.)

<u>Hvor er familien din fra?</u>: After telling the students "Familien min er fra Norge" (etc.), see if they can figure out how to form the question "Hvor er familien din fra?" (They will, of course, need to be told <u>din</u> but should otherwise be able to form the question based on what they know.) (Do not introduce <u>hans/hennes</u> at this time.)

<u>Inversion and negation</u>: To introduce the formation of questions with inversion, write a statement such as "Du er fra Wisconsin." on the board and show by means of arrows how a question may be formed by placing the verb first. Ask several questions that will have positive answers: "Er du fra Amerika?" "Heter du Robert?" etc., then ask something which you know will result in a negative answer. Ask, for example, a female student, "Heter du John?" This will give the motivation to learn the structure of a negative response, which should then be introduced and applied to all the units of information now known to the students: "Nei, jeg heter ikke Robert." "Nei, jeg er ikke fra New York." "Nei, familien min er ikke fra Tyskland."

<u>Re-applying the same method throughout the course</u>: Basically the same procedure of creating an appropriate situation for the material, modeling it yourself, having students work on it chorally and then in pairs or small groups may be applied to virtually all of the conversational material throughout the rest of the book.

Vi lærer utenat: (Later called Vi øver oss.) These sections contain structures and vocabulary that will be useful for your students to know well. The dialogues may be practiced on several different occasions while working on a particular chapter and used to focus efforts at developing good pronunciation and intonation habits.

Chapter 2:   SNAKKER DU NORSK?

<u>Contents</u>: Do you speak Norwegian? Do you understand Norwegian? Could you say that one more time? More greeting and parting phrases. Letters of the alphabet. Spelling. Pronunciation of long and short vowels.
<u>Grammar</u>: More on sentence structure, negation and question formation. Omission of the indefinite article with occupations. <u>Elev</u> // <u>student</u>.

   <u>Sentence structure</u>: Drill positive and negative responses to the questions "Snakker/Forstår du norsk?" by indicating with a nod, shake of the head or thumb-index finger ("a little") which answer is desired. Then practice the information exchange as in chapter 1.

   <u>Alphabet, spelling and pronunciation</u>: Write the letters of the alphabet on the board one by one, pronouncing each of them and having students repeat. After every six or so go back to see if the students can produce the whole group. When they can produce the whole alphabet, ask them to spell selected words that they know. Ask a student, "Hva heter du?" and have the rest of the class try to spell the name as you write it on the board. When finished ask the student whose name has been spelled, "Stemmer det?" Ask him/her to correct the spelling if necessary. Reinforce the alphabet on successive days by using it as a warm-up, having individual students spell their names, and by starting the alphabet and having selected students complete it letter by letter.

   Use simple songs and rhymes for pronunciation practice. The song or rhyme may be written on the board and students told that if they can pronounce it correctly, they may sing it. (With luck, your class will enjoy singing, so that this doesn't become a threat.) Examples:

Ro, ro, ro din båt.
Ta din åre fatt!
Vuggende, vuggende, vuggende
   vuggende
over Kattegat.

Bæ, bæ, lille lam, har du noe ull?
Ja, ja, kjære barn, hele kroppen
                                     full.
Søndagsfrakk till far og søndags-
                          skjørt til mor,
og to par strømper til søster og
                              til bror.

   <u>Vi snakker sammen</u>: This is a section of questions that may be used at the end of each chapter. They may be dictated to the students or handed out on dittos. Each student may receive the entire set or you may divide them into two sets, so that each member of the pair gets different questions. The students may then divide into pairs and use the questions as the basis of conversation:

        1. Hva heter du og hvordan staver du det?
        2. Hvor er du fra?
        3. Snakker du norsk?
        4. Forstår du norsk?
        5. Er du lærer?
        6. Er du elev?

Chapter 3: ER DU STUDENT?

Contents: What are you studying? Do you have a job? Where do you
work?
Grammar: The indefinite articles en and et (masculine and neuter
gender). Jo // Ja. Counting (cardinal numbers). Å være. Question
formation and negation in sentences containing a compound verb.

Spørsmål: The questions over the reading sections in this and
later chapters may be used in a number of ways: They may be handed
in as written homework, answered orally in class or worked on by the
students in small groups. In the latter case, the students will have
prepared answers in advance, and the group leader, who is supplied
with the complete set of questions and answers, calls on the students
in turn to answer the questions without referring to their books or
notes.

Oral practice: Ask students the following questions about your-
self. They may answer in chorus or as individuals, but note that
it is usually a good idea to have practiced a construction several
times in chorus before an individual is called upon to produce it:

                1. Er jeg elev?
                2. Er jeg student?
                3. Hva er jeg?
                4. Har jeg en jobb?
                5. Arbeider jeg på en fabrikk? (et kontor)?
                6. Hvor arbeider jeg?

Hva studerer du? If you or your students desire a more com-
plete list of subjects, it may be found in chapter 18.

Counting: Write out the numbers 1 - 12 on the board. After
they have been practiced several times, erase every 4th number. Ask
the students to count again. Then erase every other number, again
having the students count. Finally, erase them all and have the
students count from memory. Follow the same procedure with the
numbers 13 - 20, and by 10's to 100.

Å være: Drill questions of the following type in the same manner
as questions from chapters 1 and 2:

                1. Er du (han, hun) på skolen nå?
                2. Var du (han, hun) her i går også?
                   (I går is new, but appears in chapter 4
                   so may be introduced here.)
                3. Har du vært her før?
                4. Liker du å være her?
                5. Har du vært i Norge?

<u>Vi snakker sammen</u>:

1. Hva studerer du?
2. Har du en jobb?
3. Hvor arbeider du?
4. Snakker du ikke engelsk?
5. Lærer du ikke å snakke norsk?
6. Er du ikke fra Norge?
7. Har du vært i Norge?
8. Hvor gammel er du?
9. Sover du nå?
10. Liker du å være på skolen?

Chapter 4: PENGER I NORGE

Contents: Norway's monetary system. Vocabulary for basic school
supplies. Phrases appropriate to shopping.
Grammar: The definite and indefinite form of en and et nouns. The
definite article and formation of the definite noun. Review of the
interrogatives hva, hvor and hvordan. How: Hvor // Hvordan.

   Props: Slides of Norwegian currency and/or actual coins and
bills. Pen, pencil, writing paper, newspaper, eraser, ruler.

   The indefinite and definite singular form of the noun: Use the
props to first teach the indefinite form of each word, stressing that
students associate the correct indefinite article with each noun.
Visually indicate on the board how the definite form of the noun is
made by suffixing the appropriate indefinite article. One by one
throw the pen, pencil, ruler, etc., on the floor (after having taught
et golv--golvet) and ask "Hvor er pennen?", "Hvor er blyanten?", etc.
The idea is to get the students to associate the Norwegian word with
the object as quickly and spontaneously as possible and to have them
use the definite and indefinite forms of the noun in meaningful ways.

   The students may then use the props to act out buying situations
like those in the Vi lærer utenat dialogue.

Chapter 5: I KLASSEVÆRELSET

<u>Contents</u>: Names of things found in the classroom.
<u>Grammar</u>: The plural indefinite and definite forms of regular <u>en</u> and <u>et</u>
nouns. <u>Det</u> // <u>Der</u>. <u>Ei</u>-nouns (feminine gender). <u>Å ha</u>.

    <u>Props</u>: Two pens, two pencils, two newspapers, two rulers.
            Classroom furniture, pictures on the wall.
            Book, clock, blackboard.

    <u>The plural indefinite and definite forms of the noun</u>. Review the
singular indefinite and definite forms of each word using the props
from chapter 4. Then use these same props (except <u>viskelær</u>) to intro-
duce the indefinite plural: Hold up <u>to penner</u>, <u>to blyanter</u>, etc.
Ask the students, "Hvor mange aviser har jeg?" Teach the definite
plural ending and ask: "Hvor er linjalene?" (They may be on the floor
again, or introduce <u>skrivebord</u>.) Introduce <u>et bilde</u> and <u>en vegg</u> and
ask: "Hvor mange bilder er det på veggen (veggene)?" Have the students
count with you as you point to each of the pictures. Introduce <u>en gutt</u>
and <u>en pike</u> by pointing to examples of each and have the students count
together how many <u>gutter</u> and <u>piker</u> there are in the class.

    <u>Classroom furniture and fixtures</u>: The new vocabulary may be in-
troduced by having the instructor name the item and the students spell-
ing it by its sound as the instructor writes what they spell on the
board. Drill the names of the items and their appropriate indefinite
article by pointing to the items and asking "Hva er det?" Ask questions
about the items like "Hvor mange ... er det i klasseværelset?", "Hvor er
bildene?", etc.

    Use the same procedure for introducing the <u>ei</u>-nouns.

    <u>Å ha</u>: The forms of this verb may be practiced by asking questions
of the following type:

                1. Har du hatt en fin weekend?
                2. Har du en blyant her i dag?
                3. Hadde du en penn her i går?
                4. Liker du å ha mange bilder på veggene?

<u>Vi snakker sammen</u>:

                1. Hvor mange penner har du?
                2. Liker du ikke å ha penger?
                3. Har du en jobb?
                4. Har du hatt mange jobber?
                5. Hadde du en fin weekend?

Chapter 6: HJEMME HOS JORUNN

Contents: At Jorunn's house. Vocabulary to describe things in her
room. Writing letters -- opening and closing phrases. Norwegian
names.
Grammar: The plural indefinite form of one-syllable et-nouns and
their compounds. Jeg // meg. Du // deg. The plural forms of ei bok
and en mann. Å se. Å se på. Forming the possessive with names and
nouns using the preposition til. The idioms å ha rett and å ha det
bra. Personal pronouns: An overview of the subject and object forms.
Du // dere. The placement of ikke in sentences containing a pronoun.
The infinitive. Forming the present tense from the infinitive.

     Props: Props from chapter 5 and two candles, two letters (two
tables and two houses drawn on the board). Two books, two clocks,
two stamps. Picture of King Olav V.

     Irregular plural nouns: Review the general rule of plural forma-
tion using the props from the previous chapter, then introduce the one-
syllable et nouns: "Jeg har to brev." "Jeg har to lys." "Det er to
hus." etc. Alternate holding up the previous props (singular and
plural) with the new props and ask "Hva har jeg nå?" Stress that the
one-syllable et-nouns do get the normal plural definite ending (-ene)
and practice: "Jeg har to brev," (being held behind your back, causing
the students to say, "Vi ser ikke brevene." etc.)

     En, ei, ett: Hold up one of each of the props and ask: "Hvor
mange brev (linjaler, klokker, etc.) har jeg?" The students answer,
"Du har ett brev (en linjal, ei klokke)" etc.

     Jorunn's room -- new vocabulary: Have a transparency made of the
picture. After drilling the new vocabulary, ask questions about the
picture, or have students make up questions to ask each other, for
example:

          1. Hvor sitter Jorunn?
          2. Har hun ikke bord og stoler på værelset?
          3. Skriver hun mange brev?
          4. Hvem skriver hun til nå?

     Plural drill: The students outdo the instructor:
Lærer: Jeg så en gutt i går. Studentene: Vi så to gutter i går.
               en konge   (etc.)
               ei bok
               et lys
               en pike
               ei klokke
               en mann
               et hus
               en nordmann
               et skrivebord

(This drill may be repeated in later chapters, e.g., chapter 9,
substituting new vocabulary. It and the other drills in the book
may also be done by students in pairs, by giving one student of
each pair the complete drill and having that student test the
other.)

Familien til Svein (etc.): This possessive construction may be drilled by pointing to all the props and saying "Alt dette er Sveins." Then hold each item up one by one and ask: "Hva er dette?" as the students answer "Det er blyanten til Svein." etc. Be sure to include plurals as well: "Det er bøkene til Svein." etc.

Pronouns: Deg and dere will require the most work since they lack counterparts in English.

Placement of "ikke": Hold up the picture of King Olav and ask:
"Kjenner dere kong Olav?"   St: "Nei, vi kjenner ikke kong Olav."
"Kjenner dere ham?"   "Nei, vi kjenner ham ikke."
Cue the following drill by nodding or shaking your head:
"Så du henne i går?"   "Ja,...." "Nei,...."
"Liker du dem?"   "Ja,...." "Nei,...."
"Har du sett ham før?"   "Ja,...." "Nei,...."

3rd person pronouns:
Lærer: Har du sett kongen?   Studentene: Ja, jeg så ham i går.
                   damen
                   Jorunn
                   Svein
                   gutten
                   damene
                   familien min
                   jenta
                   piken
                   Liv
                   mennene
                   Gunnar
                   Liv og Gunnar

The infinitive:
Lærer: Sitter du ofte på golvet?   St: Ja, jeg liker å sitte på
        Skriver du ofte brev?   golvet.
        Ser du ofte på bilder?
        Leser du ofte bøker?
             (etc.)

Vi snakker sammen:

1. Kjenner du noen nordmenn?
2. Liker du å lese?
3. Skriver du mange brev?
4. Har du sett mange filmer i år?
5. Hvem liker du å se på film?
6. Hva pleier du å gjøre etter norsktimen?
7. Hvorfor lærer du norsk?
8. Hvor bor du?

Song: "Kjenner du Lotte?" (Barnas store sangbok)

Supplementary section:

Problems of translating from English to Norwegian

    Depending on your view of the use of translation in
foreign language instruction, you may choose to either use
or disregard the following section about translating the
English verbs "to be" and "to do" into Norwegian. If you
choose to use them, the next two pages may be simply
copied and distributed to your students. Below you will
find the answers to the exercises included there.

Oppgave 1 ("to be")

    1. Skriver du (et) brev?
    2. Hun ligger på golvet.
    3, Læreren er i klasseværelset nå.
    4. Studentene ser ikke på klokke.
    5. Er boka på norsk?
    6. Leser studentene boka?
    7. Hva kjøper du?
    8. Jeg sover ikke.
    9. Vi er på skolen.
    10. Han studerer kjemi.

Oppgave 2 ("to do")

    1. Hvor arbeider du?
    2. Hva gjør de der borte?
    3. Hvor kommer hun fra?
    4. Hvorfor gjør vi dette nå?
    5. Hvor mye koster alt dette?
    6. Går hun på skole?
    7. Hva studerer hun?
    8. Hvem gjør jobben?
    9. Hvorfor gjør han det?
    10. Forstår du dette?

Oppgave 3 (present and past tense)

    1. Hun var ikke her i går.
    2. Vi så på bildene.
    3. Så du familien til Svein?
    4. Familien til Svein var ikke i Amerika.
    5. Så han på deg?
    6. Så hun oss?
    7. Vi så ham ikke.
    8. De så på henne.

Problems of translating English to Norwegian:

I. "To be" - When and when not to translate it into Norwegian.

The verbs "is," "am" and "are" are translated by er only when being is the main action of a clause or sentence:

I am at school.	Jeg er på skolen.
He is a student.	Han er student.
We are here now.	Vi er her nå.

However, when "is," "am" and "are" act as helping verbs, indicating the tense of the main verb, they are not translated:

I am speaking Norwegian.	Jeg snakker norsk.
He is working at the office.	Han arbeider på kontoret.
We are learning Norwegian.	Vi lærer norsk.

Oppgave: Oversett til norsk:

1. Are you writing a letter?
2. She is lying on the floor.
3. The teacher is in the classroom now.
4. The students are not looking at the clock.
5. Is the book in Norwegian?
6. Are the students reading the book?
7. What are you buying?
8. I am not sleeping.
9. We are at the school.
10. He is studying chemistry.

II. "To do" - Like "to be," "to do" is sometimes a helping verb in English and, when it is, should not be translated into Norwegian:

Do you understand?	Forstår du?
Does he speak Norwegian?	Snakker han norsk?
Where do you come from?	Hvor kommer du fra?
What do you study in Norway?	Hva studerer du i Norge?

"Do" should be translated only when it is the main action of the sentence:

What are you doing?	Hva gjør du?
What does she do?	Hva gjør hun?
She is doing the homework now.	Hun gjør hjemmeleksene nå.

Oppgave: Oversett til norsk:

   1. Where do you work?
   2. What you they doing over there?
   3. Where does she come from?
   4. Why are we doing this now?
   5. How much does all this cost?
   6. Does she go to school?
   7. What does she study?
   8. Who is doing the job?
   9. Why does he do that?
  10. Do you understand this?

III. **The present and past tense**: English, unlike Norwegian, has three present and three past tenses:

A. **The present tense**: The Norwegian present tense may be translated in three different ways to English:

	I _see_ the clock.
Jeg _ser_ klokka.	I _am seeing_ the clock.
	I _do see_ the clock.

(In what three ways could you translate the following sentence to English?

                Jeg ser på klokka.)

B. **The past tense**: The Norwegian past tense may also be translated in three different ways to English:

	I _saw_ the clock.
Jeg _så_ klokka.	I _was seeing_ the clock.
	I _did see_ the clock.

(In what three ways could you translate the following sentence to English?

                Jeg så på klokka.)

Oppgave: Oversett til norsk:

  1. She was not here yesterday.
  2. We were looking at the pictures.
  3. Did you see Svein's family?
  4. Svein's family was not in America.
  5. Was he looking at you?
  6. Did she see us?
  7. We didn't see him.
  8. They were looking at her.

Chapter 7: JORUNN LEGGER SEG

<u>Contents</u>: Jorunn is getting ready for bed: appropriate vocabulary. What time do you go to bed? What time is it? Telling time (full hour only).

<u>Grammar</u>: Reflexive pronouns and the reflexive constructions <u>å legge seg</u> and <u>å vaske seg</u>. Placement of <u>ikke</u> with reflexives. Pleier å. Legger // ligger. Hjemme hos. Vet // kjenner. At // det. Å like seg. Å like // å like seg. Den // det // de. Word order with <u>ikke</u>.

<u>Props</u>: Mirror. Props from previous chapters to drill <u>den//det//de</u>.

<u>Reflexive pronouns</u>: Introduce them by acting out the following:

Jeg ser meg i speilet.
Ser du deg i speilet?   (Student): Ja, jeg ser meg i speilet.
Vi ser oss i speilet. (You and another student)
Ser dere dere i speilet? (2 students): Ja, vi ser oss i speilet.
Jeg ser ham. Ser dere ham? (All): Ja, vi ser ham.
Han ser seg i speilet.
Ser han seg i speilet?   (All): Ja, han ser seg i speilet.
Jeg ser henne. Ser dere henne? Ja, vi ser henne.
Hun ser seg i speilet.
Ser hun seg i speilet?   (All): Ja, hun ser seg i speilet.

<u>Å vaske seg, å legge seg</u>: Drill the paradigms of both verbs, having students supply the correct reflexive pronoun: Jeg vasker ___, du vasker ___, etc.

<u>Når legger du deg?</u> Without teaching all the intricacies of telling time, review the numbers 1 - 12 and teach the whole hour times (klokka ett, <u>to</u>, <u>tre</u>, etc.) and the half-hour times (<u>halv ett, halv to</u>, etc.). Tell when you go to bed, ask some individual students "Når legger du deg?" When the student answers, have the class repeat the information using the 3rd person: "Hun legger seg klokka elleve." Have pairs work on this question and then on the question "Når pleier du å legge deg?" Follow this up by again asking individuals and having the class repeat the information in the 3rd person.

<u>New vocabulary</u>: A transparency of the picture of Jorunn getting ready for bed may be made to drill the new vocabulary.

<u>Å kjenne//å vite</u>: Ask one of a pair of students "Kjenner du henne?" Answer: "Ja, jeg kjenner henne." Then have the student tell a fact about that student: "Hva vet du om henne?" Answer: "Jeg vet at hun er fra California." Etc.

<u>Den//det//de</u>: Using the props from previous chapters, do the following drill:

Lærer: Hvor ligger blyanten?   St: <u>Den</u> ligger på skrivebordet.
               viskelæret?   <u>Det</u> ...
               boka?   <u>Den</u> ...
               avisene?   <u>De</u> ...
                              Etc.

Word order with "ikke":

Lærer: Ser du blyanten nå?   St: Nei, jeg ser <u>den</u> <u>ikke</u> nå.

                                 Etc.

Lesestykke: May be used as a dictation. Students check own work.

Vi snakker sammen:

       1. Når pleier du å legge deg?
       2. Hvor liker du deg?
       3. Liker du å spise pizza og drikke cola?
       4. Pleier du å like deg i norsktimen?
       5. Har du vært i byen i dag?
       6. Har du vært hjemme hos læreren?
       7. Hva liker du?
       8. Har du sett filmen om Kon-Tiki?

Chapter 8: LA OSS SPISE

<u>Contents</u>: Meals and table manners in Norway. Names of the meals, when they are eaten and what is eaten. Ordering in a restaurant.
<u>Grammar</u>: Exact versus approximate time. The modal auxiliaries <u>skal</u>, <u>kan</u>, <u>må</u> and <u>vil</u>. The use of the infinitive form. <u>Å spise</u>. <u>Noe</u> // <u>noen</u>. The partitive construction (omission of 'of' when expressing a quantity of something).

<u>Props</u>: Pictures of the foods named in the chapter (A-Magasinet, <u>Norsk ukeblad</u> and <u>Hjemmet</u> are good sources if available). Knife, fork, spoon.

<u>Meals and foods</u>: Introduce each food item individually, using the pictures to avoid translating, and have students repeat after you: <u>egg</u>: "Nordmenn pleier å spise egg til frokost." <u>brødskiver</u>: "Nordmenn pleier å spise brødskiver til frokost." (Etc.) When the vocabulary is known, apply the information to individual students, asking them "Hva pleier du å spise til frokost?" "Når pleier du å spise middag?" Etc.

<u>Modal auxiliaries</u>: Drill the meaning of each of the modals and their use with the infinitive by asking individuals the following questions: "Hva <u>vil</u> du gjøre i dag?" "Hva <u>må</u> du gjøre i dag?" "Hva <u>skal</u> du gjøre i morgen?" "Hva <u>kan</u> du ikke gjøre når du er her på skolen?" Paying particular attention to the verb forms (present or infinitive) drill the following questions, cuing the answers with a nod or shake of the head:

1. Snakker du norsk?
2. Kan du snakke norsk?
3. Forstår du norsk?
4. Vil du forstå mer norsk?
5. Lærer du å skrive norsk?
6. Skal du reise til Norge snart?
7. Pleier du å snakke norsk hjemme?
8. Må du snakke norsk i norsktimen?

<u>Restaurant</u>: Have students act out restaurant scenes in groups of three (two customers and a waiter).

<u>Vi snakker sammen</u>:

1. Når pleier du å spise frokost?
2. Hva pleier du å spise til frokost?
3. Spiste du frokost i dag?
4. Når spiste du og hva spiste du til frokost?
5. Holder du gaffelen i høyre eller venstre hånd?
6. Skriver du med høyre eller venstre hånd?
7. Hva skal du gjøre etter timen i dag?
8. Må du lese mye til i morgen?
9. Skal du reise til Norge snart?
10. Vil du spise middag sammen med meg?

<u>Song</u>: "Først kom et lass med lisser" (<u>Barnas store sangbok</u>)

Chapter 9: HUSET

Contents: The names of rooms and furniture found in a house.
Grammar: Possessive pronouns: Min-mi-mitt-mine and din-di-ditt-dine.
(Formation of the possessive construction with the pronoun following
the definite form of the noun and agreement of the possessive with
the noun it modifies.) Hans and hennes. Review of the possession of
nouns and names with til. Henne // hennes. Vår-vår-vårt-våre. Deres
(your-plural) deres (their). Overview of the personal pronouns and
their subject, object and possessive forms. Word order: Normal and
inverted.

     Props: Slides of rooms and furniture in house. (The pictures
in Richard Scarry's Min første ordbok may be used. Try also to get
pictures that reflect typically Norwegian aspects of rooms and fur-
nishings.) Props from previous chapters for drilling possessives.

     Rooms of the house: Use slides to introduce the new vocabulary,
beginning first with the names of the rooms and then moving to the
furniture in them. After the vocabulary has been drilled, have stu-
dents answer questions referring to the slides, like "Hva slags
værelser er det i første etasje?" "Hva slags møbler er det i stua?"
(If students are to answer in chorus, point out the items as they
are answering so that all the students are giving the same answer.)

     Possessives: Using the props from previous chapters, drill the
possessive construction as follows:
     Lærer (holding up a prop): Hva er dette? St: Det er linjalen
din. etc. Be sure to include plurals. Point to various items in
the students' possession and ask: "Hva er det?" The students answer:
"Dette are blyanten min." etc. Hold up a ruler (etc.) and say:
"Dette er linjalen til Svein." The students are to deny that it is
Svein's and claim it as their own: "Det are ikke linjalen hans. Den
are min (Den er vår)." Ask students: "Hvor er boka til Bjørg?" Stu-
dents answer: "Vi vet ikke. Vi har ikke sett boka hennes." This
drill may be used to teach students to associate the proper gender
with Norwegian names, or feminine and masculine American names may be
used to drill the meaning and spontaneous use of hans and hennes.

     Inversion: Make a statement ending with a time expression, adverb
or other element that may be placed first in the sentence. Repeat this
element and have the students complete the sentence: "Jeg spiste mid-
dag klokka seks i går." "I går spiste jeg middag kl. 6." Use slides
of the house again and ask questions in which the students are ex-
pected to use inversion: "Hva heter værelsene i første etasje?" "I
første etasje er det et kjøkken, etc." "Hva ser du i stua?" "I stua
ser jeg...." "Hva ligger på kaffebordet?" "På kaffebordet ligger...."

<u>Vi snakker sammen</u>:

1. Bor familien din i et hus eller en leilighet? (<u>Leilighet</u> will be a new word, but you may wish to introduce it.)
2. Hva slags værelser er det i huset til familien din?
3. Hva slags møbler har du på værelset ditt?
4. Var du hjemme i går kveld?
5. Så du på fjernsyn i går kveld?
6. Pleier du ofte å snakke i telefon?
7. Hva slags plater liker du?
8. Liker du å lage mat?

<u>Song</u>: "Ro, ro til fiskeskjær!" (<u>Barnas store sangbok</u>)

Chapter 10: FAMILIEN

Contents: Vocabulary describing terms of familial relationship.
Grammar: The irregular plural forms of kinship terms. Å leve //
å bo. Plural forms of personal nouns ending in -er: en fetter,
en lærer, en kelner. Review of the possessive construction and
possessive pronouns.

Introduce søster/søstre, bror/brødre, søsken (first, since
students may confuse søsken and søstre, show by diagram that søsken
includes both brødre og søstre). Tell how many brothers and sisters
you have, then ask individual students about their siblings, and
have them ask each other in pairs: "Hvor mange søsken har du?"
"Jeg har to brødre og tre søstre." etc. Introduce other family
terms using diagrams like the one in the book. Practice only a few
at a time.

Datter/sønn: Say to the students: "Foreldrene mine har to
døtre og en sønn. Hvor mange brødre og søstre har jeg?" Then ask
individual students: "Hvor mange sønner og døtre har foreldrene
dine?" From the answer, the other students should be able to an-
swer "Hvor mange brødre og søstre har han/hun?" When the answer is
given, the original student may be asked, "Stemmer det?"

Tanter/onkler - nieser/nevøer: The following questions may be
used: "Hvor mange tanter og onkler har du?" "Er du tante/onkel?"
"Hvor mange nieser og nevøer har du?" "Er niesen (nevøen) din
datteren (sønnen) til broren eller søsteren din?"

Vi øver oss: Practice the dialogues as usual in pairs, first
as they appear in the book, then adjusting the information so that
each student is using the framework to tell about his/her own situa-
tion. Encourage the students to use the dialogues as the basis for
freer conversation.

Irregular plurals: After all the family terms have been intro-
duced, their irregular plurals may be drilled as follows, again
having the students outdo the teacher:
  Lærer: Jeg har en søster.   Student: Jeg har to søstre!
                en bror   to brødre!
                                           (etc.)

Vi snakker sammen: (Have students work on these with someone
other than the one with whom they worked on the Vi øver oss dia-
logues.)
                    1. Har du søsken?
                    2. Hva heter søsknene dine?
                    3. Hva gjør søsknene dine?
                    4. Er søsknene dine gift?
                    5. Har søsknene dine barn?
                    6. Er du gift? (Har du barn?)
                    7. Har du mange tanter og onkler?
                    8. Har du mange kusiner og fettere?
                    9. Er du onkel/tante?
                   10. Liker du å besøke slektningene dine?
                   11. Lever alle besteforeldrene dine?
                   12. Bor noen av slektningene dine i andre land?

Chapter 11: JOURNALISTEN DAG KROGSTAD SKRIVER OM FAMILIEN BAKKE

<u>Contents</u>: The journalist Dag Krogstad interviews a farm family for his newspaper. Review of house and family vocabulary, omission of the indefinite article with occupations. Introduction of Norwegian names for some of the European countries. Farm vocabulary. New familial terms: Husband and wife.

<u>Grammar</u>: Å få. Modal auxiliary (may) and regular verb (get). Review of inverted word order and pronouns. The imperative mood (commands). <u>Å sove</u> // <u>å sovne</u>. <u>Å føle seg</u> (reflexive pronoun review). <u>Å sove</u> (tenses). <u>Å vokse</u> // <u>Å dyrke</u>.

<u>Props</u>: Pictures/slides of a farm: låve, fjøs, stabbur, kuer, griser, hester, hunder, katter. Torget: pærer, epler, kål, blomkål, erter, gulrøtter, poteter. Pictures may be used to drill the new vocabulary before or concurrently with the reading.

<u>Fortell om Krogstad og familien Bakke</u>: After the students have read the material on Krogstad and the Bakkes, have each student state one fact about them (this is done from memory and with all books closed). The students must speak clearly and listen carefully to what is being said because each successive student must tell a fact that has not already been stated. After each fact is stated (and necessary corrections made), have the entire class repeat it.

<u>Imperative</u>: You might try drilling the formation and comprehension of commands with a game. Have the class divide into two teams. Each team first makes up a list of commands. Both teams stand and in relay fashion one member of team A gives a command to one member of team B. If the command is performed successfully, team B's member may sit down and team B may deliver a command to team A. The first team with all members sitting wins.

<u>Vi snakker sammen</u>:

1. Hva interesserer deg?
2. Liker du å reise?
3. Har du vært in mange andre land?
4. Bor du på landet eller i byen?
5. Er faren din bonde?
6. Hvem ligner du på?
7. Har familien din noen dyr?
8. Dyrker familien din noen grønnsaker?
9. Hva slags grønnsaker og frukt liker du?
10. Hva liker du å gjøre når du er ute på landet?
11. Hvordan føler du deg i dag?
12. Pleier du å få mange brev?
13. Når pleier du å sovne?

Songs: "Jeg vil bygge meg en gård" (<u>Barnas store sangbok</u>)
"Det var en god gammel bondemann" (<u>Den røde store viseboka</u>)

Vi synger: (Depending on your audience, you may or may not wish to sing the following:)

Per Olsen

1. Per Olsen hadde en bondegård.
   i-ei-i-ei-å
   Og på den gård var det ei ku.
   i-ei-i-ei-å

   Og det var mø, mø her
   og mø, mø der
   her mø, der mø
   overalt mø, mø
   Per Olsen hadde en bondegård.
   i - ei - i - ei - å

2. Og på den gård var det en gris...
   Og det var nøff, nøff her...

3. Og på den gård var det en hund...
   Og det var vov, vov her...

4. Og på den gård var det en katt...
   Og det var mjau, mjau her...

Chapter 12: PÅ BESØK HOS FAMILIEN BAKKE

<u>Contents</u>: Krogstad's visit with the Bakke family continues. Review of
<u>kinship terms</u>. Introduction of time-telling. Writing dates: Days of
the week, months of the year, ordinal numbers. When were you born?
<u>Grammar</u>: The reflexive possessive (<u>sin-si-sitt-sine</u> versus <u>hennes,</u>
<u>hans, deres</u>). Overview of personal pronouns: Subject, object, re-
flexive and possessive forms. <u>Begge</u> // <u>både</u>. Idiom: <u>Å ha det</u>
<u>hyggelig</u>. <u>Å besøke</u> and <u>å være besøk hos</u>. <u>Å si</u> (tenses). Word order
and punctuation with direct quotations. Review of the tenses of <u>å se</u>
and <u>å si</u>. The names of the four principal parts of the verb and review
of the verbs from chapters 3-12.

   <u>Props</u>: Calendar, clock

   <u>Sin-si-sitt-sine</u>: Ask students questions about themselves that
will result in an answer containing a possessive:
   "Hvor er værelset ditt?"
   "Besøker du ofte slektningene dine?"
   "Er faren din bonde?"
   "Hjelper du faren din?" etc.
   When the student answers, the other students repeat the informa-
tion in the 3rd person, being careful to use the correct form of <u>sin</u>
or <u>hans/hennes</u>. "Værelset hans er i første etasje." "Hun hjelper
faren sin." etc.

   <u>Drill</u>:
<u>Lærer</u>:   St:
   Slektningene hans bor i byen.   Besøker han ofte slektningene sine?
   Moren   hennes   hun   moren   sin
   Kona   hans   han   kona   si
   Barna   deres   de   barna   sine
   Barnebarnet hennes   hun   barnebarnet   sitt

   <u>Ordinal numbers</u>: Review the cardinal numbers first, especially
13-20. Review the ordinal numbers 1st-6th, then tell the students about
the system: -ende is added to the cardinal number to form the ordinal
number. Have them tell you how 7th-10th are said in Norwegian. Teach
them the irregular 11th and 12th and then point out that the teen numbers
follow the same pattern as 7th-10th except that the -en of the cardinal
number is incorporated into the ordinal -ende ending, so that only -de
is added: <u>trettende</u>, etc. Have them tell you the numbers 14th-20th.
They should now be able to form all the ordinal numbers. Write a few
at random on the board (28., 31., 18., 8., etc.) and see if they can.
(6. usually needs extra drill.)

   <u>Days and months</u>: Practice the names of the days and months in the
same way that the cardinal numbers were first introduced (chapter 3), by
writing them on the board, then erasing some and then all of them so that
the students are eventually reciting them from memory. Your students may
be interested in the origins of the names of the days: mandag (O.N. <u>mána</u>-
moon), tirsdag (Tir), onsdag (Odin), torsdag (Tor), fredag (Frey/Freya),
lørdag (O.N. <u>lauga</u>-to bathe), søndag (O.N. <u>sunna</u>-sun).

Strip story: Put various events from the Krogstad-Bakke inter-
view (or any other story) on strips of paper, making sure that together
they make a logical sequence and have a clear order. (Times may be
used to indicate sequential order if the events don't indicate it.)
Each student or group of students is given a strip and must confer with
the other students/groups to determine their order. When the order is
determined, the strips are read aloud by individual students such that
the story is told.

Vi snakker sammen:

      1. Bor noen av slektningene dine i utlandet?
      2. Har du vært i utlandet?
      3. Når ble du født?
      4. Er det hyggelig å ha fødselsdag?
      5. Liker du å få gaver?

Song: "Så går vi rundt om en enerbærbusk" (Barnas store sangbok)

Chapter 13: TURIST I OSLO

Contents: Excerpts from the fictional diary of Kristine Svenson as she
and her husband Robert visit Norway's capital city.
Grammar: Adjectives: Function and forms: Indefinite form - agreement
of the adjective in gender and number with the noun it modifies.
Modifications of the general rule of adjective forms (-, -t, -e endings)
a) adjectives ending in a consonant plus -t add no -t.
b) adjectives ending in a double consonant lose one when adding -t.
c) adjectives ending in -ig add no -t.
d) adjectives of nationality ending in -sk add no -t.
e) adjectives ending in a stressed vowel add double t.
f) adjectives ending in an unstressed -e add no endings.
Hvilken-hvilket-hvilke. Norsk // nordmann.

    Props: Slides of Oslo: Oslo from the air, Karl Johans gate,
Slottet, Karl Johan statue, the royal family, Nationaltheatret, statues
of Ibsen, Bjørnson and Holberg, Studenterlunden, outdoor cafe, Stor-
tinget - interior and exterior, Grand Hotell and cafe, Domkirken,
blomstertorget, torget. Props from previous chapters for drilling
adjectives.

    Adjectives: Introduce adjectives using the familiar props:
"Linjalen er lang, tavla er lang, bordet er langt, vinduene er lange."
"Det er et stort speil. Det er ei stor klokke. Det er store vinduer."
etc.

    Slides of Oslo: May be used to teach the new vocabulary and also
to drill adjective agreement as well as to tell about Oslo. Have the
slides illustrate sentences from the text: "Foran Nationaltheatret er
det to statuer." etc. (having students repeat afterwards) and use them
to ask questions of the class: "Fortell om bildet." "Hvem var Karl
Johan?" etc.

    Diktat: May be given by the instructor to the whole class, or by
one student to another (encouraging very careful and accurate pronuncia-
tion by the one who gives the dictation!) The underlined word is new.
It should be spelled in Norwegian and defined.

Værelset til Jorunn

    Jorunn bor i et stort hus med mange pene værelser. Værelset
hennes er stort og det er mange fine bilder på veggene der.
På værelset er det også mange møbler. Det er ei god seng, to
røde stoler og et fint skrivebord. Skrivebordet er stort og
langt, og Jorunn har et par andre gode bord på værelset sitt
også. Men hun skriver ikke på noen av dem. Hun liker seg
bedre på golvet. På golvet har hun et pent teppe. Teppet
er rødt og gult, og her liker hun å sitte og skrive brev.
Jorunn skriver mange brev. Hun skriver ofte lange brev til
gode venner i andre land.

More adjective drills:
Lærer: St:
 Jeg har sett mange store hus.   Vi så <u>et</u> <u>stort</u> <u>hus</u> også.
                    høye bygninger
                    fine parker
                    gode hoteller
                    pene klokker
                    interessante steder
                    hyggelige kafeer
                    røde flagg
                    hvite hus
                    gule bøker
                    kjente menn
                    dyre hoteller
                    fargerike blomster
                    saftige appelsiner
                    deilige epler
                    norske kirker
                    gode skuespill
                    norske bord
Lærer: St:
 Jeg så en stor bygning.   Vi har sett <u>mange</u> <u>store</u> <u>bygninger</u>.
                                          (etc.)

Hvilken-hvilket-hvilke: Drill:
Lærer: Jeg liker ikke boka.   St: Hvilken bok?
                  huset   Hvilket hus?
                  avisene   Hvilke aviser?
                              (etc.)

Chapter 14: MER OM OSLO

<u>Contents</u>: Kristine Svenson's diary continues as she and her husband
visit more of Oslo's tourist attractions.
<u>Grammar</u>: Adverbs of location and motion: Simple (e.g., <u>inn</u>, <u>ut</u>, etc.)
and compound (e.g., <u>her inne</u>, <u>der ute</u>, etc.). Words ending in a single
-m preceded by a short vowel have double -m when endings are added.
Further modifications of the general rule of adjective forms: a) ad-
jectives ending in unstressed -el, -en and -er lose the unstressed e
when the plural -e is added and a preceding double consonant is re-
duced to a single (e.g., <u>gammel</u> - <u>gammle</u>). b) <u>annen-anna-annet-andre</u>.
c) <u>liten-lita-lite-små</u>. <u>Litt</u> // <u>liten</u>. <u>Å ta</u> (tenses). <u>For å</u> // <u>å</u>.
<u>Å komme</u> (tenses). The impersonal pronoun <u>en</u>. Idiom: <u>Å ta det med</u>
<u>ro</u>. <u>Å gå</u> (tenses). Compound words.

<u>Props</u>: Slides of Oslo: Rådhuset - view from harbor and interior,
tourist boats in front of Rådhus, map of route to Bygdøy, Fram-museet,
turf-roofed buildings, stavkirken, restaurant, folkdancers, Hardanger
fiddler, undergrunnsbanen, map of Oslo with Nordmarka, Holmenkollen,
view of Holmenkollen from town, ski museet, view from Frognerseteren
stasjon, Tryvannstua.

<u>Adverbs of location and motion</u>: Act out: "Jeg er ut. Jeg er
ute (from out in the hall). Jeg kommer inn. Jeg er inne. Jeg går
opp (stepping up on chair). Jeg kommer ned." etc. Then act them
out again and ask students: "Hva gjør jeg? // Hvor er jeg?"

<u>Liten-lite-små</u>: Drill:

Lærer:	St:
Bor du i et stort hus?	Nei, jeg bor i et lite hus.
Så du en stor kirke?	Nei, jeg så en liten kirke.
Hadde du ei stor klokke?	Nei, jeg hadde ei lita klokke.
Besøkte du bare store byer?	Nei, jeg besøkte bare små byer.
(etc.)	

Lærer:	St:
Var båten stor?	Nei, den var liten.
skipet stort?	Nei, det var lite.
byene store?	Nei, de var små.
(etc.)	

<u>Annen-annet-andre</u>: Drill:

Lærer:	St:
Liker du blyanten min?	Nei, jeg vil gjerne se på en annen blyant.
viskelæret mitt?	.....et annet viskelær.
avisene mine?	.....noen andre aviser.
(etc.)	

<u>Adjectives</u> (and irregular nouns):   Drill:

Lærer: St:
  Jeg hilser på en sulten mann.   Vi hilser på mange sultne menn.
  Jeg besøker et godt museum.   (etc.)
  Jeg så en interessant ting.
  Jeg ser på en norsk danser.
  Jeg kjenner en hyggelig nordmann.
  Jeg har vært på et pent sted.
  Jeg kjøper en brun sko.
  Jeg snakker med en god lærer.
  Jeg har en kjent fetter.
  Jeg leser ei lang bok.

<u>Verb tense review</u>:   Drill:
Lærer: St:
  Jeg tar det med ro.   Vi <u>tok</u> det med ro <u>i går</u>.
  Jeg går på ski.   (etc.)
  Jeg kommer hjem.
  Jeg spiser middag.
  Jeg ser på fjernsyn.
  Jeg har det hyggelig.
  Jeg sier mange ting.

Lærer: St:
  Jeg vil gjerne gå på ski.   Vi <u>har allerede gått</u> på ski.
  Jeg vil gjerne spise middag.   (etc.)
  Jeg vil gjerne gå hjem.
  Jeg vil gjerne se filmen.
     (etc.)

Song: "Din vise" (<u>Flere viser v/ Lillebjørn Nilsen</u>, Gyldendal)

Chapter 15: MER OM MAT OG SPISESKIKKER I NORGE

<u>Contents</u>: Dinner in a Norwegian home. Coffee around the coffeetable afterwards. Ordering in a restaurant. Recipes.
<u>Grammar</u>: <u>Å sette</u> // <u>å sitte</u>. Review of reflexive verbs. The imperative with <u>reflexive verbs</u>. <u>Vil ha</u> and <u>har lyst på</u>. Plural of nouns ending in an unstressed -el. <u>One more (en, ei, ett...til</u>). <u>Alle</u> // <u>alt</u>. Modal auxiliaries in the imperfect tense - <u>ville, skulle, kunne, måtte, fikk</u>. <u>Ville</u> and <u>hadde lyst</u>. The use of the infinitive - review. <u>Å bestille</u> (tenses).

<u>Props</u>: Paper plates with different courses of a meal drawn on them (for practicing meal-time situations: "Kunne du være så snill og sende meg grønnsakene?" etc.)

<u>Har lyst på // vil ha</u>: Drill:

Lærer:
  Har du lyst på mer kaffe?
                     te?
                     poteter?

St:
  Ja, jeg vil gjerne ha mer kaffe.
       (etc.)

<u>En, ei, ett...til</u>: Drill:

Lærer:
  Trenger vi mange kopper?
                   bilder?
                   bøker?
                   (etc.)

St:
  Nei, vi trenger bare en til.
                       ett til.
                       ei til.

<u>Restaurant</u>: Oppgave: Skriv noen setninger eller en historie om bildene:

Vi snakker sammen:

1. Hva er det beste du vet?
2. Hva har du lyst til å gjøre etter timen
   i dag?
3. Liker du å spise på restaurant?
4. Spiser du ofte på restaurant?
5. Hva pleier du å bestille når du spiser
   på restaurant?
6. Går du ofte på kino?
7. Hvilke filmer har du sett i år?
8. Liker du å vaske opp?
9. Må du ofte vaske opp når du er hjemme?
10. Liker du å ha gjester hjemme hos deg?
11. Hva pleier du å gjøre når du har gjester
    hjemme hos deg?

Norwegian table prayers (bordbønner)

I Jesu navn
I Jesu navn går vi til bords
og spiser og drikker på ditt ord.
Deg Gud til ære og oss til gavn.
Så får vi mat i Jesu navn. Amen.

O du som metter
Før måltidet: O du som metter liten fugl
               velsign vår mat, O Gud. Amen.
Etter måltidet: For helse, glede, daglig brød
                 Vi takker deg, O Gud. Amen.

Song: "Kvelden lister seg på tå" (Barnas store sangbok)

Chapter 16: TURIST I BERGEN

Contents: Excerpts from the fictional diary of Kristine and Robert
Svenson as they visit Bergen.
Grammar: The definite form of the adjective. Definite articles --
with and without adjectives. Further modifications of the general rule
of adjective forms: a) adjectives ending in -el, -er and -en (definite
form). b) blå-blått-blå. c) adjectives ending in -sk having more than
one syllable add no -t. d) liten: definite forms - lille and små.
The relative pronoun som. Som // hvem. Som // hvilken. Som // at //
det. Ikke så...som. Å se...ut. Å gjøre. Agreement of tenses between
a question and its answer. Å stå and å forstå (tenses). Like... and
like...som. Å se ut som. The definite adjective with the possessive.
Å skrive (tenses).

Props: Slides of Bergen: Bergensbanen, overview shots of Bergen -
"Byen mellom fjellene," "Byen med paraplyen" - harbor, fishingboats,
Fisketorvet (fish, fruit and vegetables, flower market), Tyskebryggen,
Rosenkrantztårnet, Haakonshallen, view from Rosenkrantztårnet, Maria-
kirken - pulpit, ship hanging from ceiling; kiosk, map of town, Fløyen -
funicular, restaurant, view from the top; aquarium, Fantoft Stavkirke,
Grieg's home - interior of living room, composer's hut, graves.

Definite form of the adjective: Drill:
Lærer: St:
  Jeg har en lang linjal.   La meg se den lange linjalen.
          et stort speil.   det store speilet.
          ei god bok.   den gode boka.
          noen dyre stoler.   de dyre stolene.
               (etc.)

Ikke så...som: This construction may be illustrated and practiced
using props familiar from earlier chapters:
                Krittet er ikke så langt som linjalen.
                Stolen er ikke så høy som bordet.
                Bordet er ikke så gammelt som stolen.
                Avisene er ikke så dyre som bøkene.
                Pennene er ikke så billige som blyantene.
                Speilet er ikke så stort som vinduet.
                Tavla er ikke så lang som vinduet.

Å gjøre: Drill:
Lærer: St:
  Jeg tar Fløybanen op til Fløyen.   Det gjør jeg også.
  Jeg bestilte middag.   Det gjorde jeg også.
  Jeg så meg omkring i byen.   Det gjorde jeg også.
  Jeg har spist middag oppe på   Det har jeg gjort også.
                       Fløyen.
  Jeg har gatt på ski.   Det har jeg gjort også.
  Jeg liker å besøke slektningene   Det liker jeg å gjøre også.
                       mine.
  Jeg tok mange bilder.   Det gjorde jeg også.
  Jeg reiser ofte.   Det gjør jeg også.

Like + adjektiv: The construction may be illustrated and drilled as follows: to bøker: Bøkene er like interessante (like dyre, like gode, etc.)

to linjaler: Linjalene er like lange.

to pulter: Pultene er like gamle (like høye, etc.)

to studenter: Studentene er like gamle (like høye, etc.)

Grieg's music: The selections mentioned in the chapter could be played in the background while students correct their own (or each other's) homework according to distributed answer sheets. They may enjoy learning Solveigs sang:

Solveigs sang

Kanskje vil der gå både vinter og vår,
og neste sommer med, og det hele år;
men en gang vil du komme, det vet jeg visst;
og jeg skal nok vente, for det lovte jeg sist.

Gud styrke deg hvor du i verden går!
Gud glede deg hvis du for hans fotskammel står!
Her skal jeg vente til du kommer igjen;
og venter du hist oppe[1], vi treffes der, min venn!

... Henrik Ibsen

[1]hist oppe - i himmelen

Song: "Se min kjole" (Barnas store sangbok)

Chapter 17: TIDEN GÅR

Contents: Svein's new job as a street-car conductor. St. Hans Kveld
(Midsummer's Eve).
Grammar: The alternative possessive construction--placing the possessor
before the indefinite form of the object owned. Idioms å stå opp, å
komme tidsnok, å komme for seint, å ha god tid, å ha dårlig tid, å
skynde seg. The 24-hour clock. Time expressions i kveld // om kvelden
(etc.), hele kvelden, neste kveld, i morgen tidlig (etc.) Review of
word order - inversion with a time expression as the first element in
the sentence. All // hele. Tid // gang // time. Om // i // for...
siden. I // på. Å bli (tenses). Å vite (tenses). Verb tenses--Over-
view of strong verbs from chapters 3-17. Overview of weak verbs of the
type -te. Verbs ending in a double consonant. Irregular weak verbs.
Å drikke and å synge (tenses). When - da // når. Then - så // da.

Possessives with owner before object owned: Although this con-
struction is being introduced for the sake of completeness and because
students may come upon it in their reading and elsewhere, they should
be encouraged to use the construction they originally learned to the
greatest degree possible, as the construction in which the possessive
pronoun precedes the object owned has an old-fashioned or highly
formal tone to it.

Verb tenses: The weak verbs of the type -te, -t may be practiced
with a drill in which the students again outdo the instructor:
Perfect tense: Drill:

Lærer: St:
  Jeg vil gjerne spise middag.   Vi har allerede spist middag.
                bestille kaffe.   (etc.)
                betale regningen.
                reise meg.
                forsyne meg.
                glemme det.
                vise dem museet.
                kjøpe noe å drikke.
                fortelle historien.
                sette meg.
                selge bøkene mine.
                se filmen.
                si det til ham.
                forstå dette.
                gjøre det.
                gå hjem.

It is probably a good idea to drill the regular -te, -t verbs
separately from the irregular -te, -t verbs and strong verbs first, but
then all of them may be mixed together for a more challenging drill.

Past tense: Drill:
Lærer: St:
  Jeg skriver brevene.   Vi skrev brevene i går.
  Jeg gjør hjemmeleksen.   (etc.)
  Jeg tar bildene.
  Jeg går på ski.
  Jeg kommer for seint til timen.
  Jeg sender brevet.

Past Tense: Drill (continued):

Lærer: St:
  Jeg begynner å lese boka.   Vi begynte å lese boka i går.
  Jeg ringer til henne.   (etc.)
  Jeg viser dem bildene.
  Jeg skynder meg.
  Jeg spiller tennis.
  Jeg sier det til ham.
  Jeg forteller historien.
  Jeg teller til ti.
  Jeg drikker ølet.
  Jeg synger sangen.

Vi snakker sammen:

1. Liker du å stå opp om morgenen?
2. Pleier du å stå tidlig opp om morgenen?
3. Kommer du ofte seint til norsktimen?
4. Har du noen gang kommet for seint til jobben din?
5. Hva pleier du å gjøre om ettermiddagen og om kvelden?
6. Når stod du opp i morges?
7. Sov du godt i natt?
8. Hva har du lyst til å gjøre i kveld?
9. Hva skal du gjøre neste år?
10. Pleier du å sove hele natten, eller våkner du av og til?
11. Hvor mange timer pleier du å lese hver dag?
12. Hvor mange ganger har du vært i New York?
13. Hvor lenge har du vært student her på (skolens navn)?
14. Når ble du student?
15. Pleier du å gjøre noe spesielt St. Hans aften?
16. Hva gjorde du i går?
17. Hva pleier du å gjøre når du har fritid?
18. Når og hvor pleier du å lese hjemmeleksene dine?

Song: "Det haster"   (Finn Kalvik, Bak min dør)

Chapter 18: SKOLELIVET I NORGE

Contents: Reidar takes a university exam. Information about the uni-
versities in Norway. Norway's five geographical areas. The University
of Oslo. Living at Studentbyen or in a rented room. Subjects and pro-
fessions. Primary and secondary levels of education in Norway.
Grammar: Å gi (tenses). The idiom å glede seg til. Verb tenses -
weak verbs of the type -et,-et. Å vekke // å våkne. The past perfect
tenses (pluskvamperfektum). Review of da // når and så // da. Å dra
(tenses). Egen. Weak verbs of the type -dde, -dd. Weak verbs of the
type -de, -d. Overview of the four classes of weak verbs. Omission of
the verb of motion. The idiom å ha råd til.

   Slides: Universities of Tromsø, Bergen, Trondheim and Oslo.
Landsdelene - slides showing features typical of Sørlandet, Østlandet,
Vestlandet, Trondelag, and Nord-norge. University of Oslo: The old
university, the new university at Blindern - Frederikke, kolonial, bok-
handel, frisør, kiosk, postkontor, reisebyrå, forelesningssal, lesesal,
Universitetsbiblioteket, Studentbyen på Sogn.

        Weak verbs: Drill:
        Lærer: St:
          Jeg vil gjerne bo i Norge.   Vi bodde i Norge i fjor.
                          prøve norsk mat.   Vi prøvde norsk mat i fjor.
                          snakke norsk.   Vi snakket norsk i fjor.
                      (etc.)

    Vi snakker sammen:

              1. Hva studerer du?
              2. Har du noen gang arbeidet på et kontor?
              3. Har du noen gang melket ei ku?
              4. Har du noen gang bodd i et annet land?
              5. Når sovnet du i går kveld?
              6. Når våknet du i morges?
              7. Hva gjorde du da du våknet i dag?
              8. Hva har du ikke råd til som du ønsker
                 du hadde råd til?
              9. Vet du hva du skal bli når du er ferdig
                 med skolen?
             10. Når blir du ferdig med skolen?
             11. Hva liker du best ved å studere her på
                 (skolens navn)?
             12. Hva liker du minst ved å studere her
                 på (skolens navn)?
             13. Hvor bor du mens du studerer?
             14. Deler du værelset med noen?
             15. Lager du din egen mat eller spiser du
                 på kafeteria?
             16. Har du ditt eget bad eller må du dele
                 med andre?

    Song: "Far har fortalt" (Flere viser v/ Lillebjørn Nilsen)

Chapter 19: VI KOMMER SENT, MEN VI KOMMER GODT

Contents: Telephone conversation -- the Bakkes invite Ingeborg's brother Johs Norvik and his family to their farm for Sunday afternoon coffee. We meet the Norvik family.
Grammar: Hvis // om. Idiom å være glad i. Adverbs - function and formation. Lang // langt // lenge.

Telephone etiquette: Have pairs of students ad lib telephone conversations in front of the class.

Vi snakker sammen:

1. Hva gjorde du i helgen? (Hva skal du gjøre i helgen?)
2. Jobber du i helgen?
3. Har du noen gang bodd i en leilighet?
4. Kjører du bil?
5. Når lærte du å kjøre bil?
6. Er du glad i kaffe?
7. Drikker du den med eller uten sukker og fløte?
8. Når pleier du å spise lunsj?
9. Hva pleier du å spise til lunsj?
10. Hva er du spesielt glad i å gjøre?

Songs: "Der bor en baker" (Barnas store sangbok)

"Det bor en gammel baker" (Finn Kalvik, Bak min dør)

Chapter 20:   SKAL VI I BUTIKKEN?

Contents: Stores, opening and closing times. Communicating at the store. Mrs. Norvik and her daughter go shopping at the grocery store, bakery and the meat store.
Grammar: Ingen // ikke noe. The older counting system. Å bære and å få (tenses). Price expressions. Demonstrative pronouns. Review of the definite form of the adjective. Comparison (gradbøying) of adjectives and adverbs. Overview of regular comparative forms. Overview of irregular comparative forms. Flere, flest // mer, mest. Review of countable vs. uncountable. Gjerne-heller-helst. Comparison with mer, mest. Jo...jo... (The...the).

Demonstratives: Use props from previous chapters to drill demonstratives: A ruler may be held up as you say "this"; the students say "denne linjalen." (etc.) You may ask about items in the students' possession or in the room: "Er den pennen din?" "Ja, denne pennen er min." "Er disse bildne pene?" "Ja, de bildene er pene." (etc.)

Comparatives: Drill for groups of three:

1	2	3
Familien min er stor.	Familien min er større.	Familien min er størst.
Huset mitt er lite.	(etc.)	(etc.)
Bøkene mine er dyre.		
Bilen min er gammel.		
Klærne mine er nye.		
Bagasjen min er tung.		

Written exercise: Si hva det motsatte av hvert ord heter og gradbøy hvert ord:

> stor - (liten)
> gammel - (ung / ny)
> tung - (lett)
> lett - (vanskelig / tung)
> dyr - (billig)
> varm - (kald)
> sterk - (svak)
> ny - (gammel)
> seint - (tidlig)
> mye - (lite)

Drill:

Læreren:		St:	
	Er bagasjen din tung?		Nei, den er lett.
	Er familien din stor?		Nei, den er liten.
	Er bilen din gammel?		Nei, den er ny.
	Er broren din gammel?		Nei, han er ung.
	Var prøven vanskelig?		Nei, den var lett.
	Var hotellet dyrt?		Nei, det var billig.
	Var været varmt?		Nei, det var kaldt.
	Var mannen sterk?		Nei, han var svak.
	Er huset ditt nytt?		Nei, det er gammelt.
	Kom du seint?		Nei, jeg kom tidlig.
	Spiste du mye?		Nei, jeg spiste lite.

Chapter 21: UTE OG HANDLER

<u>Contents</u>: Communicating in the bank, travel agency and post office.
Women's and men's clothing. Shopping at the clothing store. Colors
and materials clothes are made of.
<u>Grammar</u>: Comparison of <u>lang</u>, <u>langt</u> and <u>lenge</u>. Omission of 'ones' in
Norwegian. The idiom <u>så...som mulig</u>. Review of adjective agreement.
<u>De-Dem-Deres</u>. Review of <u>sin-si-sitt-sine</u>.

Shopping: Have students perform skits of shopping situations.
They may be ad lib - where you give them a general situation (going
into a store, asking for some items and paying - or not having any
money) or they may be given time to work out more elaborate skits.

<u>Demonstratives and annen-annet-andre</u>: Drill:

Lærer:	St:
Her har vi et slips.	Jeg liker ikke <u>det</u> slipset. Får jeg se på <u>et annet slips</u>?
en bluse.	Jeg liker ikke <u>den blusen</u>. Får jeg se på <u>en annen bluse</u>?
noen støvler.	Jeg liker ikke <u>de støvlene</u>. Får jeg se på <u>noen andre</u> støvler?

<u>Definite form of the adjective after demonstrative</u>:

Lærer:	St:
Her har vi et grønt slips.	Jeg liker ikke det grønne slipset. Får jeg se...? (as above)
en rød bluse.	
noen gule sko.	

<u>Review of sin-si-sitt-sine</u>: At this point your students may need
to review the 3rd person reflexive possessive, especially the part of the
rule that states that the reflexive may <u>not</u> be used as part of the sub-
ject of any verb. If desired, the next <u>two</u> pages may be copied and dis-
tributed to the students.

<u>Answers to sin-si-sitt-sine oppgave</u>:

Herr og Fru Norvik har bodd i leiligheten <u>sin</u> i 18 år. Leilig-
heten <u>deres</u> er i 6. etasje og har god utsikt over byen. Fru
Norvik er 3 år yngre enn mannen <u>sin</u>. Jobben <u>hennes</u> er god og
hun tjener godt på den. Herr Norvik synes at kona <u>hans</u> er meget
pen. Han hjelper kona <u>si</u> hjemme så mye han kan. Han og kona
<u>hans</u> vasker opp sammen, og han hjelper kona <u>si</u> med å gjøre
reint i leiligheten. De får også hjelp av barna <u>sine</u>. Datteren
<u>deres</u> heter Halldis, og sønnen <u>deres</u> heter Finn. Finn er ett
år eldre enn søsteren <u>sin</u>. Haldis håper at broren <u>hennes</u> kan
lære å kjøre bil snart. Hvis broren <u>hennes</u> kunne kjøre, kunne
hun være med ham overalt. Finn vil gjerne lære å kjøre bil. Han
er svært glad i biler, men han liker ikke tanken om at søsteren
<u>hans</u> skal komme med ham overalt. Kanskje det er like godt han
ikke kan kjøre ennå.

Vi repeterer: sin, si, sitt, sine // hans, hennes, deres:

Bagasjen til Kari

1.

Det er bagasjen til Kari.
Det er bagasjen hennes.
Hun bærer bagasjen sin.
Hun liker ikke å bære bagasjen sin.
Bagasjen hennes er tung.

2.

Olav bærer bagasjen til Kari.
Han bærer bagasjen hennes.
Hun er glad for at han bærer bagasjen
                                    hennes.
Hun liker ikke å bære bagasjen sin.
Bagasjen hennes er tung.
Olav liker ikke så godt å bære
    bagasjen sin, men han liker å bære
    bagasjen hennes.
Hvorfor?

Boka til Marit

3.

Dette er boka til Marit.
Det er boka hennes.
Hun leser boka si.
Boka hennes er god.

4.

Marit viser boka si til venninnen sin.
Venninnen hennes heter Kari.
Venninnen hennes ser på boka hennes.
Marit synes at boka hennes er god.
                                    (N.B.)

Kari liker også boka hennes.

Passkontroll

5.

Olav har passet sitt med seg.

Han må vise inspektøren passet sitt.

Inspektøren ser på passet hans.

Han ser på passet hans.

6.

Olav ser på passet sitt.

Han ser på passet sitt.

Marit har også passet sitt med seg.

Olav ser også på passet hennes.

7.

Marit kommer til inspektøren.

Hun viser ham passet sitt.

Han ser på passet hennes.

Han synes at bildet hennes er pent.

8.

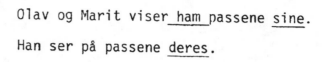

Olav og Marit viser ham passene sine.

Han ser på passene deres.

9.

De ser på passene sine.

De synes at bildene deres er dårlige.

10.

Marit ser på passene deres.

Hun synes at bildet hennes er dårlig.

Oppgave: Sett inn sin-si-sitt-sine eller hans, hennes, deres:

Herr og Fru Norvik har bodd i leiligheten _____ i 18 år. Leiligheten _____ er i 6. etasje og har god utsikt over byen. Fru Norvik er 3 år yngre enn mannen _____. Jobben _____ er god og hun tjener godt på den. Herr Norvik synes at kona _____ er meget pen. Han hjelper kona _____ hjemme så mye han kan. Han og kona _____ vasker opp sammen, og han hjelper kona _____ med å gjøre reint i leiligheten. De får også hjelp av barna _____. Datteren _____ heter Halldis, og sønnen _____ heter Finn. Finn er ett år eldre enn søsteren _____. Halldis håper at broren _____ kan lære å kjøre bil snart. Hvis broren kunne kjøre, kunne hun være med ham overalt. Finn vil gjerne lære å kjøre bil. Han er svært glad i biler, men han liker ikke tanken om at søsteren _____ skal komme med ham overalt. Kanskje det er like godt at han ikke kan kjøre ennå.

Chapter 22: DE FIRE ÅRSTIDENE

Contents: The four seasons and what Norwegians do during them. Temperature -- the celsius scale.
Grammar: Time expressions involving the seasons -- i sommer // om sommeren (etc.) Å synes // å tro // å tenke. Expressing -ing in Norwegian -- preposition plus infinitive, å se (noen) gjøre (noe), å høre (noen) gjøre (noe). Til fjells, til sengs, til bords.

Seasons: Calendars usually have good representations of the seasons. Choose some that are especially representative of each season and drill their names with the students, asking "Hvilken årstid er det?" "Hva heter månedene i denne årstiden?" etc.

Synes: Stress that this word may only be used about something about which the subject has personal experience by asking questions like: "Hva synes du om været i dag?" "Synes du det er morsomt å studere her?" "Tror du det ville være morsomt å studere i Norge?" "Synes du det er kaldt her om vinteren?" "Tror du det er kaldt i Norge om vinteren?" "Synes du det er dyrt å studere her?" If someone in the class has been in Norway, that person may be asked the questions concerning Norway using synes.

Vi snakker sammen:

1. Hva synes du om været i dag?
2. Hva syntes du om været i går?
3. Tror du at været blir bra i morgen?
4. Hvilken årstid liker du best og hvorfor?
5. Gikk du mye på ski i vinter?
6. Er du glad i å gå på ski?
7. Gjorde du noe interessant i går?
8. Hva gjorde du i ferien? // Hva skal du gjøre i ferien?
9. Er du glad i å sykle (svømme, seile, spille tennis)?
10. Tror du at du ville like de mørke vinterkveldene i Norge?

Song: "Alle fugler små" (Barnas store sangbok)

      "Det hemmelige under" (Bak min dør - Finn Kalvik)

      "Fergemann tid" (Flere viser v/ Lillebjørn Nilsen)

      "Som alltid før" (Finne meg sjæl, Finn Kalvik)

      "På jorden et sted" (Bak min dør, Finn Kalvik)

Chapter 23: OM Å REISE I NORGE

<u>Contents:</u> Modes of travel in Norway. Norwegian roads and road signs.
<u>Driving</u> along E-18 and E-6. Norway's strict driving-while-intoxicated
laws. Travel by train (<u>NSB</u>), coastal steamer (<u>Hurtigruta</u>), and plane
(<u>SAS</u>).

<u>Grammar:</u> Word order -- placement of adverbs of time, manner and degree
in dependent clauses, placement of <u>ikke</u> and <u>aldri</u> in clauses introduced
by <u>som</u> and <u>at</u>, other adverbs that precede the verb in a dependent
clause. The modal auxiliaries <u>bør</u> and <u>burde</u>. <u>Fordi</u> // <u>på grunn av</u>.
More on independent and dependent clauses (<u>hovedsetninger</u> and <u>besetning-</u>
<u>er</u>). <u>Hva, hvordan, hvorfor, hvor</u> and <u>når</u> as conjunctions and as ad-
verbs. The prefix <u>u-</u>. <u>Å slippe</u> and <u>å la</u> (tenses). All the tenses of
the modal auxiliaries.

   <u>Slides:</u> Norwegian mountain roads, bridges, ferries, road signs,
scenery along E-18, Stavanger, Kristiansand, scenery along E-6, Eids-
voll, painting of Eidsvoll Constitutional Assembly, Mjøsa, Lillehammer,
Maihaugen, Gudbrandsdalen, Trondheim, Nidarosdomen, Polarsirkelen, Nord-
kapp, Kirkenes, NSB, Hurtigruta, SAS.

   <u>Placement of "ikke" in dependent clauses:</u> In addition to the
drills in the book, this may be practiced by asking one student a ques-
tion that you know will result in a negative answer and then asking the
others: "Hva sier han?" They answer, "Han sier at han ikke heter
Robert." etc.

   <u>Vi snakker sammen:</u>

1. Når fikk du førerkort?
2. Drikker du alkohol når du skal kjøre?
3. Hva synes du om Norges strenge lover
   om promillekjøring?
4. Hvordan liker du best å reise -- med
   bil, fly, tog, båt eller buss, og hvorfor
   liker du best å reise på den måten?
5. Synes du at fartsgrensen på hovedveiene
   i USA er bra, for høy eller ikke høy nok.
   Hvorfor?
6. Synes du at det burde være en lov mot å
   kjøre bil i sentrum av byen?
7. Fortell om en morsom tur du har tatt
   eller om en tur du ønsker å ta.

Song: "Hvis du reiser nordover i år" (Finn Kalvik, <u>Bak min dør</u>)

Chapter 24: SVEIN BLIR SYK

Contents: A short introduction to Norway's system of social insurance.
Svein has appendicitis and must be taken to the hospital. Jorunn
visits him at the hospital after the operation and announces her en-
gagement to Jens-Petter. A more thorough account of Norway's Folke-
trygd.
Grammar: Word order -- review of word order in independent and de-
pendent clauses, word order in a sentence in which a dependent clause
precedes an independent clause. Omission of the pronoun when referring
to part of the subject's body. Parts of the body. Irregular noun
plurals. Idioms å være sikker på, å lure på and å være redd for.
Word composition -- prefixes and suffixes.

     Word order: Have individual students complete sentences of the
type: "Etter timen i dag, ..." "Hvis jeg hadde mange penger, ..."
"Da jeg var hjemme i ferien, ..." "Når jeg er ferdig med skolen, ..."
"Siden det er så dyrt å bo i Norge, ..." "Selv om det var svært kaldt
i vinter, ..."

     Vi snakker sammen:

                    1. Er du redd for å gå til legen?
                    2. Har du noen gang blitt operert?
                    3. Er det noe du er helt sikker på?
                    4. Er det noe du lurer på?

Chapter 25: NORGE I STØPESKJEEN

<u>Contents</u>: Modern Norway. Oil blow-out in the North Sea. The discovery of oil in Norway. Norway's political system - the welfare state and parliament. Ecological concerns. NATO. EF - The European Common Market. <u>Grammar</u>: <u>Hva</u> // <u>hva som</u> and <u>hvem</u> // <u>hvem som</u>. The passive voice. Passive with <u>bli</u>. Passive with <u>-s</u>. Å være // å bli.

    <u>Passive</u>: The passive is difficult for most students. Use concrete examples and well-known vocabulary first to make sure they understand the concept, showing by means of arrows that the subject of the passive sentence was the object of the active one and stressing that the subject of a passive sentence does not perform the action but rather receives it.

Examples: Jeg skrev brevet.   Brevet ble skrevet av meg.
          Han spiser kaka.   Kaka blir spist av ham.
          Svein har tatt bildene. Bildene har blitt tatt av Svein.

Song: "En tur rundt i byen" (Finn Kalvik, <u>Finne meg sjæl</u>)

     "Gategutt" (Lillebjørn Nilsen, <u>Trubadur til fots</u>)

     "Barn av regnbuen" (Lillebjørn Nilsen, <u>Trubadur til fots</u>)

Chapter 26:   JORUNN OG JENS-PETTER GIFTER SEG

Contents: Jorunn and Jens-Petter decide to get married.   The marriage
ceremony and wedding banquet.   The Church and religious observances in
Norway.
Grammar: X wants Y to (X vil at Y skal).   Omission of 'if' (expressing
conditions by means of inversion).   The idioms å bestemme seg for, å
være enig med noen, å være enig i noe, å være enige om.   Å spørre // å
be // å stille.   Å vente på (at noe skal skje).   Direct and indirect
discourse.   Ways of expressing future time in Norwegian - present
tense, skal and vil, kommer til å.   Ways of expressing extended action -
two conjugated verbs joined by og (sitter og skriver), etc., å holde på
med å skrive.

       Vi snakker sammen:

             1. Synes du det er morsomt å være i
               bryllup?
             2. Har du vært i bryllup i år?
               (Fortell om det.)
             3. Er du redd for å holde taler?
             4. Hva har du bestemt deg for å gjøre
               i sommer?
             5. Kommer du til å reise til Norge snart?
             6. Hvilken bok holder du på med å lese
               nå?

The marriage ceremony.   Since excerpts from the exchange of vows are
given in the reading section, the students might be interested in see-
ing their full form:
       Så spør jeg deg (brudgommens fulle navn) for Guds åsyn
og i denne kristne forsamlings nærvær:
       Vil du ha (brudens navn) , som hos deg står, til din kone?
(Ja.)
       Vil du leve med henne etter Guds hellige ord, elske og
ære henne, og i gode og onde dager bli fast hos henne inntil
døden skiller dere ad? (Ja.)
       Likeså spør jeg deg (brudens navn) :
       Vil du ha (brudgommens navn) , som hos deg står, til
din mann? (Ja.)
       Vil du leve med ham etter Guds hellige ord, elske og ære
ham, og i gode og onde dager bli fast hos ham inntil døden
skiller dere ad? (Ja.)
       Så gi hverandre hånden på det!
       (Presten legger sin hånd på brudeparets sammenlagte
hender.)
       Ettersom dere har lovet hverandre å ville leve sammen i den
hellige ektestand og nå åpent bekjent dette for Gud og denne
kristne forsamling og gitt hverandre hånden på det, så erklærer
jeg dere for rette ektefolk å være både for Gud og mennesker, i
Faderens, Sønnens og Den Helligånds navn. Amen.
       Hva Gud har sammenføyet, skal intet menneske adskille.

Chapter 27: NORGES NATUR

<u>Contents</u>: The Norwegian enjoyment of nature. The Easter skiing vacation in the mountains. The nine mountain rules. Norway's topography and wild-life.
<u>Grammar</u>: The idiom <u>å være flink til å</u>. <u>Å få // å komme // å bli</u>. The present participle. <u>Modal adverbs and other elements of Norwegian style.</u>

<u>Vi snakker sammen:</u>

1. Er du glad i å gå tur?
2. Er du flink til å gå på ski?
3. Hva pleier du å gjøre i påsken?
4. Hvor lenge varer påskeferien din?
5. Synes du det ville være morsomt å være i Norge i påskeferien? Hvorfor / Hvorfor ikke?

Song: "Vandringsvise" (<u>Den store røde viseboka</u>)

"Alle duene" (Lillebjørn Nilsen, <u>Trubadur til fots</u>)

"Regnet er en venn" (Lillebjørn Nilsen, <u>Trubadur til fots</u>)

Chapter 28: GLIMT FRA NORGES HISTORIE

Contents: A short overview of some important dates and events in Nor-
wegian history. Svein as a history teacher telling his class about
these events. Syttende mai in historical perspective.
Grammar: Word composition (continued from chapter 24).

     Norges historie: Slides of persons, places and events named in
the chapter could be made from pictures in Norwegian history books and
used to make the presentation more interesting, to activate student
questions about the material, and finally to test the students' knowl-
edge of the material.

     Game: The following groups of clues and answers are written on
separate slips of paper. Students work in pairs. The clues are given
one at a time by one of the pair to the other. The numbers following
the clues are the number of points awarded for guessing the answer on
the basis of that clue (plus the one before it); for example, if on
number one the student guesses Rjukan from the clue "Tyskerne hadde
en fabrikk i denne byen," the student gets 3 points. If the student
must also hear the next clue, he gets 2 points, and if he must hear
all three, he gets 1 point.

   1. Answer: Rjukan
      Clues: Tyskerne hadde en fabrikk i denne byen.   (3)
           De prøvde å lage atombomben på fabrikken. (2)
           Undergrunnsbevegelsen saboterte det.   (1)

   2. Answer: 1066
      Clues: Det siste virkelige vikingtoktet var i dette året. (4)
           Harald Hårdråde ble drept.   (3)
           Det skjedde ved Stamford Bridge i England.   (1)

   3. Answer: den 9. april 1940
      Clue: Året Norge ble overfalt av tyske soldater. (1)

   4. Answer: Harald Hårfagre
      Clues: Han var med i slaget ved Hafrsfjord i 872. (3)
           Han samlet Norge til ett rike.   (2)
           Han hadde langt hår og skjegg.   (1)

   5. Answer: Undergrunnsbevegelsen
      Clues: En gruppe som motarbeidet tyskerne under krigen.   (2)
           De saboterte tyskernes tungtvann fabrikk.   (1)

   6. Answer: Leiv Eriksson
      Clues: Han var sønnen til Erik Raude.   (3)
           Han oppdaget Amerika omkring år 1000.   (1)

   7. Answer: Tordenskjold
      Clues: Han var med i den store nordiske krig fra 1700-21. (4)
           Han ble admiral i den dansk-norske marine da han
             bare var 28 år gammel.   (3)

8. Answer: Olav V
   Clues: Han ble konge i Norge i 1957.   (2)
           Han er sønnen til Haakon VII.   (1)
           Han er den nåværende konge i Norge.   (½)

9. Answer: Svartedauden
   Clues: Den kom til Norge i 1349-50.   (3)
           Halvparten av Norges befolkning og de fleste
           prestene døde av den.   (2)

10. Answer: Firehundreårsnatten
    Clues: Ibsens ord for en periode i Norges historie.   (4)
            Denne perioden varte fra ca. 1380-1814.   (3)
            Norge ble mindre selvstendig i den tiden og var
            en stund ikke mer enn en dansk provins.   (2)

11. Answer: Hellig Olav
    Clues: Innførte kristendommen i Norge.   (3)
            Ble drept på Stiklestad i 1030.   (2)
            Han er den viktigste helgenen i hele Skandinavia. (1)

12. Answer: 1814
    Clues: Året unionen med Danmark ble oppløst.   (2)
            Grunnloven ble skrevet i dette året.   (1)

13. Answer: Haakon den sjuende (den syvende)
    Clues: En dansk prins som ble Norges konge i 1905.   (2)
            Han var den første norske konge i moderne tid. (1)

14. Answer: Norgesveldet
    Clues: En periode med fred og storhet i det 13. århundre. (5)
            Det skjedde under Haakon Haakonson.   (4)
            Grønland, Island or store deler av Sverige kom
            inn under den norske tronen.   (3)

15. Answer: 1905
    Clues: Året da Norge ble et totalt selvstendig land. (2)
            Året unionen med Sverige ble oppløst.   (1)

16. Answer: Stemmerett
    Clues: Noe som norske menn fikk i 1898.   (5)
            Noe som norske kvinner fikk i 1913.   (3)
            Noe som alle som er atten og over har i dag.   (2)

17. Answer: Olav Tryggvasson
    Clues: En norsk konge som sammen med Olav den hellige
            får æren for at Norge ble et kristent land.   (2)
            Han var konge fra 995-1000.   (1)

18. Answer: Olav Haraldson
    Clues: Han var også kalt den hellige.   (2)
            Han var konge i Norge fra 1015-1030.   (1)

19. Answer: den 8. mai 1945
    Clues: Frigjøringsdagen.   (3)
            Dagen den tyske okkupasjonen kom til ende.   (2)

20. Answer: EF - Det europeiske felleskapet
    Clues: En organisasjon Norge bestemte seg for ikke å bli
              medlem av i 1972.   (4)
            Den heter også EEC.   (2)

21. Answer: Nidarosdomen
    Clues: Berømt katedral i Trondheim.   (2)
            Hellig Olav ligger begravet der.   (1)

Jul i Norge

Your students may enjoy reading the Christmas gospel in Norwegian.

Vi leser juleevangeliet: Lukas 2. kapittel, vers 1-20

Og det skjedde i de dager at det utgikk et budskap fra keiser
Augustus at all verden skulle innskrives i manntall. Dette var
den første innskrivning i den tid Kvirinius var landshøvding i
Syria. Og alle gikk for å la seg innskrive, hver til sin by.

Men også Josef dro opp fra Galilea, fra byen Nasareth til Judea,
til Davids stad, som heter Betlehem, fordi han var av Davids
hus og ætt, for å la seg innskrive, sammen med Maria, sin tro-
lovede, som var fruktsommelig. Men det skjedde mens de var der,
da kom tiden da hun skulle føde. Og hun fødte sin sønn, den
førstefødte, og svøpte ham og la ham i en krybbe, fordi det
ikke var rom for dem i herberget.

Og det var noen hyrder der på stedet, som var ute på marken og
holdt nattevakt over sin hjord. Og se, en Herrens engle sto
for dem, og Herrens herlighet lyste om dem, og de ble meget
forferdet. Og engelen sa til dem: Forferdes ikke! For se,
jeg forkynner eder en stor glede, som skal vederfares alt
folket! Eder er i dag en frelser født, som er Kristus, Herren,
i Davids stad. Og dette skal I ha til tegn: I skal finne et
barn svøpt, liggende i en krybbe. Og straks var det hos
engelen en himmelsk hærskare, som lovet Gud og sa: Ære være
Gud i det høyste, og fred på jorden, i mennesker hans velbehag.

Og det skjedde da engelen var faret fra dem opp til himmelen,
da sa hyrdene til hverandre: La oss nå gå like til Betlehem
og se dette som har hendt og som Herren har kunngjort oss!

Og de skyndte seg og kom og fant både Maria og Josef, og barnet
som lå i krybben. Og da de hadde sett det, fortalte de dem det
ord som var sagt dem om dette barn. Og alle som hørte det,
undret seg over det som ble sagt dem av hyrdene, men Maria
gjemte alle disse ord og grunnet på dem i sitt hjerte. Og
hyrdene vendte tilbake, priste og lovet Gud for alt de hadde
hørt og sett, således som det var blitt sagt dem.

ANSWERS TO EXERCISES

Chapter 1

Øvelse:

Hva er spørsmålet? (Do not use interrogatives.)

Er hun fra Norge?   Ja, hun er fra Norge.
Er familien din fra Amerika?   Ja, familien min er fra Amerika.
Heter han Hans?   Nei, han heter ikke Hans.

Hva er spørsmålet? (Use interrogatives.)

Hva heter hun?   Hun heter Anne.
Hva heter du?   Jeg heter Hans.
Hva heter han?   Han heter Hans.
Hvor er hun fra?   Hun er fra Norge.
Hvor er familien din fra?   Familien min er fra Amerika.
Hvordan har du det?   Bare bra, takk.

Sett inn 'ikke':

Hun heter Kari.   Hun heter ikke Kari.
Han er fra Norge.   Han er ikke fra Norge.
Familien min er fra Amerika.   Familien min er ikke fra Amerika.
Han heter Jens.   Han heter ikke Jens.

Vi skriver:

Er han fra Norge?   Ja, han er fra Norge.
                                         Nei, han er ikke fra Norge.
Heter han Hans?   Ja, han heter Hans.
                                         Nei, han heter ikke Hans.
Er hun fra Amerika?   Nei, hun er ikke fra Amerika.
                                         Hun er fra Norge.
Heter hun Jens?   Nei, hun heter ikke Jens.
                                         Hun heter Anne.
Er familien din fra Norge?   Nei, familien min er ikke fra Norge.
                                         Familien min er fra Amerika.

Chapter 2

Vi skriver

Hva er spørsmålet?

Snakker du norsk?	Ja, jeg snakker litt norsk.
Er jeg lærer?	Ja, du er lærer.
Er du lærer (elev)?	Nei, jeg er student.
Forstår hun norsk?	Nei, hun forstår ikke norsk.
Er han student (ennå)?	Nei, han er ikke student ennå.
Er det alt for i dag?	Ja, det er alt for i dag.
Stemmer det?	Ja, det stemmer.

Sett inn 'ikke':

Han er lærer.	Han er ikke lærer.
Han forstår norsk.	Han forstår ikke norsk.
Hun snakker norsk.	Hun snakker ikke norsk.
Jeg er student.	Jeg er ikke student.
Det stemmer.	Det stemmer ikke.
Du er elev.	Du er ikke elev.
Det er alt for i dag.	Det er ikke alt for i dag.

Spørsmål:

Er han student?	Ja, han er student.
	Nei, han er ikke student.
Er hun lærer?	Ja, hun er lærer.
	Nei, hun er ikke lærer.
Er du lærer?	Ja, jeg er lærer.
	Nei, jeg er ikke lærer.
Snakker han norsk?	Ja, han snakker norsk.
	Nei, han snakker ikke norsk.
Forstår hun norsk?	Ja, hun forstår norsk.
Snakker jeg norsk?	Ja, du snakker litt norsk.
Forstår du norsk?	Ja, jeg forstår litt norsk.

Chapter 3

Øvelse: Jo // Ja

Snakker du norsk?   <u>Ja</u>, jeg snakker norsk.
Er du ikke fra Amerika?   <u>Jo</u>, jeg er fra Amerika.
Lærer du ikke norsk her?   <u>Jo</u>, jeg lærer norsk her.
Er du på skolen nå?   <u>Ja</u>, jeg er på skolen nå.
Er jeg lærer?   <u>Ja</u>, du er lærer.

Arbeider du her?   <u>Ja</u>, jeg arbeider her.
                                          <u>Nei</u>, jeg arbeider ikke her.
Arbeider du ikke her?   <u>Jo</u>, jeg arbeider her.
                                          <u>Nei</u>, jeg arbeider ikke her.

Går du på skole?   <u>Ja</u>, jeg går på skole.
                                          <u>Nei</u>, jeg går ikke på skole.
Går du ikke på skole?   <u>Jo</u>, jeg går på skole.
                                          <u>Nei</u>, jeg går ikke på skole.

Øvelse: Å være

1. <u>Er</u> du student nå?
2. <u>Hvor</u> <u>var</u> du før?
3. Han har <u>vært</u> i Norge.
4. Han liker <u>å være</u> i Norge.
5. Hansen <u>er</u> <u>lærer</u> nå.
6. Han <u>var</u> student før.
7. Han <u>har</u> ikke <u>vært</u> i Amerika.
8. <u>Har</u> <u>du</u> <u>vært</u> i Norge?

Vi skriver:

Sett inn 'ikke':

1. Du er student.   Du er ikke student.
2. Han studerer historie.   Han studerer ikke historie.
3. Hun liker å være i Norge. Hun liker ikke å være i Norge.
4. Jeg var på skolen i dag.   Jeg var ikke på skolen i dag.
5. Han snakker norsk.   Han snakker ikke norsk.
6. Anne har vært i Norge.   Anne har ikke vært i Norge.
7. Vi lærer norsk.   Vi lærer ikke norsk.
8. Du arbeider her.   Du arbeider ikke her.

Lag spørsmål: (Use sentences 1-8 above):

1. Er du student?
2. Studerer han historie?
3. Liker hun å være i Norge?
4. Var jeg på skolen i dag?
5. Snakker han norsk?
6. Har Anne vært i Norge?
7. Lærer vi norsk?
8. Arbeider du her?

Hva er spørsmålet? (Do not use interrogatives)

1. Liker du å være her?   Ja, jeg liker å være her.
2. Sover du?   Nei, jeg sover ikke.
3. Snakker jeg (litt) norsk?   Ja, du snakker litt norsk.
4. Har han vært i Amerika?   Nei, han har ikke vært i Amerika.
5. Liker hun å være student?   Ja, hun liker å være student.

Hva er spørsmålet? (Use interrogatives)

1. Hvordan staver vi   Vi staver det
   universitet?   U-N-I-V-E-R-S-I-T-E-T.
2. Hvor gammel er du?   Jeg er tjue år gammel.
3. Hvor arbeider han?   Han arbeider på en skole.
4. Hva studerer hun?   Hun studerer biologi og kjemi.
5. Hvor liker du å være?   Jeg liker å være på skolen.

Ekstra oppgave (not in text). Oversett til norsk:

1. We speak a little Norwegian now.
2. She doesn't understand English yet.
3. I study history. What do you study?
4. He works at a school. He is a teacher.
5. She has a job. She works at an office.
6. Jensen is forty-seven years old and he works at a factory.
7. Jorunn likes to be here at school.
8. Have you been there before?

Translations:

1. Vi snakker litt norsk nå.
2. Hun forstår ikke engelsk ennå.
3. Jeg studerer historie. Hva studerer du?
4. Han arbeider på en skole. Han er lærer.
5. Hun har en jobb. Hun arbeider på et kontor.
6. Jensen er førtisju år gammel og han arbeider på en fabrikk.
7. Jorunn liker å være her på skolen.
8. Har du vært der før?

Chapter 4

Oppgave: Hva betyr det?

butikken - the store   en lærer - a teacher
papiret - the paper   en skole - a school
et år - a year   året - the year
en elev - a pupil   eleven - the pupil
fabrikken - the factory studenten - the student
en student - a student   læreren - the teacher
jobben - the job   skolen - the school
viskelæret - the eraser

Oppgave: Oversett til norsk:

1. You need a pencil, an eraser, a ruler and writing paper.
2. The pencil costs two kroner, the eraser costs ninety-five
   øre, the ruler costs three kroner and seventy-five øre
   and the writing paper costs sixteen kroner.
3. That comes to twenty-two kroner and seventy øre.
4. She has a job in America.
5. She likes the job, but she doesn't like the office.
6. Svein is in the store now.
7. Jorunn has not been there yet.
8. I have a question.
9. What is the question?
10. He works at a factory, but where is the factory?

Translations:

1. Du trenger en blyant, et viskelær, en linjal og skrivepapir.
2. Blyanten koster to kroner, viskelæret koster nittifem øre,
   linjalen koster tre kroner og syttifem øre og skrivepapiret
   koster seksten kroner.
3. Det blir tjueto kroner og sytti øre.
4. Hun har en jobb i Amerika.
5. Hun liker jobben, men hun liker ikke kontoret.
6. Svein er i butikken nå.
7. Jorunn har ikke vært der ennå.
8. Jeg har et spørsmål.
9. Hva er spørsmålet?
10. Han arbeider på en fabrikk, men hvor er fabrikken?

Oppgave: Spørreord

1. Hva heter du?
2. Hvor kommer du fra?
3. Hvor gammel er du?
4. Hva (hvor) studerer du?
5. Hvor arbeider du?
6. Hvordan har du det?
7. Hvor mye koster alt dette?
8. Hva trenger du?
9. Hvor kommer familien din fra?
10. Hvordan staver vi det?
11. Hvordan har familien din det?
12. Hvor er vi nå?

Oppgave:

1. Hvordan har du det?   Bare bra, takk.
2. Det gleder meg.   Likeså.
3. Takk for nå.   Ha det bra. (Likeså.)
4. God dag.   Morn. (God dag.)
5. Vær så god.   Takk.
6. Ha det bra.   Ha det.

Ekstra oppgave (not in text). Oversett til norsk:

1. He goes to school.
2. The school is in America.
3. He is learning Norwegian.
4. We are in the store now.
5. We are buying a ruler, a pen and writing paper.
6. The ruler costs five kroner and seventy-five øre, the
   pen costs twelve kroner and the writing paper costs
   seventeen kroner and twenty-five øre.
7. That comes to thirty-five kroner.
8. But we haven't any money!

Translations:

1. Han går på skole.
2. Skolen er i Amerika.
3. Han lærer norsk.
4. Vi er i butikken nå.
5. Vi kjøper en linjal, en penn og skrivepapir.
6. Linjalen koster fem kroner og syttifem øre, pennen koster
   tolv kroner og skrivepapiret koster sytten kroner og
   tjuefem øre.
7. Det blir trettifem kroner.
8. Men vi har ikke noen penger!

Chapter 5

Oppgave: Det // Der

1. _Det_ er femten gutter og fjorten piker i klassen.
2. Guttene sitter _der_ og pikene sitter _der_ .
3. _Det_ var en penn på golvet i går.
4. _Det_ var en penn _der_ i går.
5. _Det_ er mange vinduer i klasseværelset.
6. _Det_ er mange vinduer _der_ .
7. _Det_ var en blyant på pulten i går.
8. Blyanten var _der_ i går.

Øvelse: Å ha

Har du mange penger?

Hadde du mange penger før?

Har du alltid hatt mange
                    penger?

Liker du å ha mange penger?

Ja, jeg har mange penger.
Nei, jeg har ikke mange penger.
Ja, jeg hadde mange penger før.
Nei, jeg hadde ikke mange penger før.
Ja, jeg har alltid hatt mange penger.
Nei, jeg har ikke alltid hatt mange
                              penger.
Ja, jeg liker å ha mange penger.
Nei, jeg liker ikke å ha mange
                          penger.

Vi repeterer: Å være

Læreren liker _å være_ i Norge.
Læreren har _vært_ i Norge mange ganger.
Læreren _er_ ikke i Norge nå.
Læreren _var_ ikke i Norge i går.

Sett inn å ha eller å være:

Det _er_ mange bilder i klasseværelset nå.
Det _var_ ikke så mange bilder her før.
Vi _har_ mange bilder her nå.
Vi _hadde_ ikke så mange bilder her før.
Det _har_ ikke alltid _vært_ så mange bilder her.
Vi _har_ ikke alltid _hatt_ så mange bilder her.

Oversett til norsk:

1. He has always had money.
2. She had a job at an office
        before.
3. I had the book here yester-
        day.
4. Haven't they had any other
        jobs?
5. Yes, they have had many
        other jobs.

Han har alltid hatt penger.
Hun hadde en jobb på et kontor før.

Jeg hadde boka her i går.

Har de ikke hatt noen andre jobber?

Jo, de har hatt mange andre jobber.

Ekstra oppgave (not in text). Oversett til norsk:

1. There are seventeen girls and seven boys in the class.
2. The boys and the girls are in the classroom now.
3. There have always been many pictures in the classroom.
4. The teacher likes the pictures.
5. Where were they yesterday?
6. Where have the students been?
7. Have they always had so many newspapers here?
8. We had the pencils here on the desk yesterday, but they are not here now.
9. The chairs and tables are here, but the pictures are not on the walls yet.
10. Isn't there a clock on the wall? Yes, the clock is on the wall now.
11. The teacher is writing on the blackboard with chalk, isn't she?
12. Yes, but the class is over now.

Translations:

1. Det er sytten jenter og sju gutter i klassen.
2. Guttene og jentene er i klasseværelset nå.
3. Det har alltid vært mange bilder i klasseværelset.
4. Læreren liker bildene.
5. Hvor var de i går?
6. Hvor har studentene vært?
7. Har de alltid hatt så mange aviser her?
8. Vi hadde blyantene her på pulten (skrivebordet) i går, men de er ikke her nå.
9. Stolene og bordene er her, men bildene er ikke på veggene ennå.
10. Er det ikke ei klokke på veggen? Jo, klokka er på veggen nå.
11. Læreren skriver på tavla med kritt, ikke sant?
12. Jo, men timen er slutt nå.

Chapter 6

<u>Øvelse: Jeg // Meg</u>

1. <u>Jeg</u> skriver brev.
2. Skriver du til <u>meg</u> ?
3. Hvorfor snakker <u>jeg</u> norsk?
4. Snakker du til <u>meg</u> ?
5. Er <u>jeg</u> i Norge nå?
6. Liker Ellen <u>meg</u> ?

<u>Øvelse: Du // Deg</u>

1. Snakker <u>du</u> norsk?
2. Jeg forstår <u>deg</u> .
3. Ligger <u>du</u> på golvet?
4. Hun snakker med <u>deg</u> .
5. Jeg så <u>deg</u> i går.
6. Skriver <u>du</u> brev?
7. Skriver <u>hun</u> brev til <u>deg</u> ?
8. Hvor sitter <u>du</u> ?

<u>Øvelse: Å se</u>

1. <u>Ser</u> du bildet nå?
2. Jeg <u>så</u> en film om Norge i går.
3. <u>Har</u> du <u>sett</u> filmen ennå?
4. Liker du <u>å se</u> filmer om Norge?
5. Ja, men jeg <u>har</u> ikke <u>sett</u> mange av dem.
6. Skrivepapiret var på pulten i går. Jeg <u>så</u> det i går, men jeg <u>ser</u> det ikke nå.
7. Jorunn <u>så</u> familien til Svein i butikken i går. De har ikke vært i Amerika. Jorunn har <u>sett</u> dem.

<u>Øvelse: Å se på</u>

1. Jeg liker <u>å se på</u> bilder fra Norge.
2. Jeg sitter og <u>ser på</u> bilder fra Norge nå.
3. Vi <u>så på</u> mange bilder fra Norge i går.
4. Vi <u>har</u> <u>sett på</u> mange bilder fra Norge i timen.

<u>Oversett til norsk:</u>

1. We looked at the clock.   Vi så på klokka.
2. Jorunn saw Svein's family.   Jorunn så familien til Svein.
3. Have you seen the film yet?   Har du sett filmen ennå?
4. Has she looked at the pic-   Har hun sett på bildene ennå?
   tures yet?
5. They like to look at pic-   De liker å se på bilder fra Norge.
   tures from Norway.

Øvelse: Å ha det bra

1. Sa du ham i går? Hvordan   Han _hadde det bra._
   hadde han det?
2. Hvordan har familien din   Takk, de _har det bra._
   det?
3. Hvor har du vært? Jeg har   Takk, jeg _har hatt det bra._
   ikke sett deg her på
   skolen. Hvordan har du
   hatt det?

Oppgave: Oversett til norsk: Å ha rett

1. You are right.   Du har rett.
2. Jorunn was right; Svein's   Jorunn hadde rett; familien til
   family has not been in   Svein har ikke vært i Amerika.
   America.
3. The teacher likes to be   Læreren liker å ha rett.
   right.
4. He has not always been   Han har ikke alltid hatt rett.
   right.

Øvelse:

1. Hun skriver brev til _ham_ .
2. Vi kjenner _dem_ .
3. Jeg forstår _henne_ .
4. Han forstår _deg_ .
5. De skriver brev til _deg_ .
6. Du skriver til _meg_ .
7. Hun snakker til _deg_ .

Øvelse: Du // Dere

1. Unnskyld, er _dere_ studenter?
2. Du snakker norsk, og jeg forstår _deg_ .
3. Hva lærer _du_ i norsktimen, Jorunn?
4. Unnskyld, er _du_ nordmann?
5. Unnskyld, er _dere_ nordmenn?
6. Jorunn og Svein, jeg trenger å snakke med _dere_ .
7. Jorunn, jeg trenger å snakke med _deg_ .
8. Dere snakker norsk, men jeg forstår _dere_ ikke.

Oppgave:

1. Hun skriver brev til _ham_ .
2. Vi kjenner _dem_ ikke.
3. Han forstår _deg_ (dere) ikke.
4. De skriver mange brev til _oss_ .
5. Jeg snakker norsk til _deg_ (dere) .
6. Snakker _du_ (dere) til _henne_ ?
7. Forstår _du_ (dere) _henne_ ?
8. Forstår _hun_ _deg_ (dere) ?

Oppgave:

1.	Torhild forstår Per.	Hun forstår ham.
2.	Bjørn liker Gro.	Han liker henne.
3.	Magne kjenner Gerd.	Han kjenner henne.
4.	Egil har ikke sett Knut.	Han har ikke sett ham.
5.	Øystein og Leif skriver brev til Liv og Pål.	De skriver til dem.
6.	Åse forstår ikke Magne.	Hun forstår ham ikke.
7.	Karsten kjenner ikke Aud.	Han kjenner henne ikke.
8.	Leif så ikke Unni.	Han så henne ikke.
9.	Eivind liker ikke Kåre.	Han liker ham ikke.
10.	Pål har ikke sett Astrid og Unni.	Han har ikke sett dem.

Oppgave:

1. Jorunn liker å lese . Hun leser mange bøker.
2. Studentene snakker norsk. De lærer å snakke norsk.
3. Noen av studentene trenger å lese mye. Han leser mye.
4. Han arbeider på et kontor. Han liker å arbeide der.
5. Hun sover ikke mye. Hun trenger å sove nå.
6. Jorunn bor i et hus med mange værelser.
7. Øyvind bor i Oslo. Han liker å bo der.
8. Jeg liker å skrive brev. Jeg skriver mange brev.
9. Jorunn er hjemme nå. Hun liker å være hjemme.
10. Hva liker du å gjøre ? Hva gjør du nå?

Ekstra oppgave (not in text). Oversett til norsk:

1. Jorunn is at home now.
2. She is lying on the floor and reading a book.
3. There are two chairs, a bed and three tables in the room.
4. There are many candles on the tables.
5. He was looking at you, but he didn't see us.
6. What are you doing over there?
7. Do you like to write letters?
8. Why is she sitting on the floor?
9. She doesn't like the desk but she likes to sit on the floor.
10. How is your family? They are just fine, thanks.
11. Have you (plural) seen the film about Norway yet?
12. Many Norwegians like to read books about America.
13. I'm writing some letters. Do you have any stamps?
14. I don't know her, but I'm writing to her anyway.
15. Do you understand them? Do they understand you?
16. There is just one blackboard, one window and one chair in the classroom.
17. The men are learning to speak Norwegian now.
18. Do you like to lie on the floor and read?
19. Have you seen Jorunn's books?
20. That's all you need to do now because you need to sleep.

Translations:

1. Jorunn er hjemme nå.
2. Hun ligger på golvet og leser ei bok.
3. Det er to stoler, ei seng og tre bord i værelset.
4. Det er mange lys på bordene.
5. Han så på deg, men han så oss ikke.
6. Hva gjør du der borte?
7. Liker du å skrive brev?
8. Hvorfor sitter hun på golvet?
9. Hun liker ikke skrivebordet, men hun liker å sitte på golvet.
10. Hvordan har familien din det? De har det bare bra, takk.
11. Har dere sett filmen om Norge ennå?
12. Mange nordmenn liker å lese bøker om Amerika.
13. Jeg skriver noen brev. Har du noen frimerker?
14. Jeg kjenner henne ikke, men jeg skriver til henne allikevel.
15. Forstår du dem? Forstår de deg?
16. Det er bare ei tavle, ett vindu og én stol i klasseværelset.
17. Mennene lærer å snakke norsk nå.
18. Liker du å ligge på golvet og lese?
19. Har du sett bøkene til Jorunn?
20. Det er alt du trenger å gjøre nå fordi du trenger å sove.

Chapter 7

Oppgave: Refleksive pronomener

1. Jeg så _meg_ i speilet.
2. Når pleier du å legge _deg_ ?
3. Jorunn og Svein vasker _seg_ .
4. Vi vasker _oss_
5. Har dere sett _dere_ i speilet?
6. Pleier hun å vaske _seg_ før hun spiser?
7. Han liker å se _seg_ i speilet.

Spørsmål:

1. Legger du deg klokka ti? Ja, _jeg legger meg klokka ti._
   Nei, _jeg legger meg ikke klokka ti._
2. Ser dere dere i speilet? Ja, _vi ser oss i speilet._
   Nei, _vi ser oss ikke i speilet._
3. Liker de å vaske seg? Ja, _de liker å vaske seg._
   Nei, _de liker ikke å vaske seg._
4. Har du sett deg i speilet? Ja, _jeg har sett meg i speilet._
   Nei, _jeg har ikke sett meg i speilet._
5. Pleier han å legge seg før Ja, _han pleier å legge seg før_
   klokka tolv? _klokka tolv._
   Nei, _han pleier ikke å legge seg før_
   klokka tolv.
6. Pleier du å legge deg før Ja, _jeg pleier å legge meg før du_
   jeg legger meg? _legger deg._
   Nei, _jeg pleier ikke å legge meg før_
   du legger deg.

Oversett til norsk: Pleier å

1. Svein usually goes to bed Svein pleier å legge seg klokka tolv.
   at twelve o'clock.
2. We usually sit on the floor. Vi pleier å sitte på golvet.
3. She usually writes many Hun pleier å skrive mange brev.
   letters.
4. He usually eats at five Han pleier å spise klokka fem.
   o'clock.

Oppgave: Legger // Ligger

1. Jeg _legger_ meg klokka ti.
2. Jeg _ligger_ på golvet.
3. Læreren _legger_ boka på skrivebordet.
4. Når pleier du å _legge_ deg?
5. Hun _legger_ papirene på pulten.
6. Liker du å _ligge_ på golvet?
7. Hvor _ligger_ boka?
8. Når trenger dere å _legge_ dere?

Hva betyr det: Hjemme hos

   1. Vi legger oss ikke før klokka tolv her hjemme hos oss.
      We don't go to bed until twelve o'clock at our house.
   2. Liv og Bjørn er hjemme hos Svein nå.
      Liv and Bjørn are at Svein's house now.

Oppgave: Vet // Kjenner

   1. Han _vet_ ikke hvor mange studenter det er i klassen.
   2. Han _kjenner_ ikke mange av studentene.
   3. Han _kjenner_ Oslo. Han _vet_ mye om Oslo.
   4. _Vet_ du hvem han er? _Kjenner_ du ham?
   5. Vi _kjenner_ dem ikke, men vi _vet_ at de snakker norsk.

Oppgave: Oversett til norsk:

   1. How old is he? I don't   Hvor gammel er han? Jeg vet ikke.
               know.
   2. Do you know them? I know   Kjenner du dem? Jeg vet at de
      that they have been here.   har vært her.
   3. Do you know the king?   Kjenner du kongen?
   4. Do you know where he is?   Vet du hvor han er?
   5. Do you know how many stu-   Vet du hvor mange studenter det
      dents there are in the   er i klassen?
      class?

Vi skriver: Liker // Liker seg

   1. Han _liker seg_ på skolen.
   2. Hun _liker_ skolen.
   3. Vi _liker_ Norge.
   4. Vi _liker oss_ i Norge.
   5. Jeg _liker meg_ hjemme.
   6. _Liker_ du _deg_ ute?
   7. Hun _liker_ ham.
   8. Vi _liker oss_ her.

Vi skriver: Det // Det // De // Dem

   1. Jeg hadde boka her i går. _Den_ var her i går.
   2. Jeg skriver et brev. Jeg skriver _det_ på norsk.
   3. Klokka er bare ti. _Den_ er bare ti.
   4. _Det_ er et imponerende hus. _Det_ er i Oslo.
   5. Speilet er på veggen over vasken. _Det_ er på veggen over vasken.
   6. Senga står ved vinduet. _Den_ står ved vinduet.
   7. Bildet er over senga. _Det_ er av en gutt.
   8. _Det_ er ei god bok. Er _det_ ei god bok? Ja, _den_ er god.
   9. _Den_ er om Norge. Vi leser _den_ i norsktimen.
  10. Har du sett filmen? Var _den_ god? Ja, _det_ var en god film.
  11. Jorunn har tre stoler på værelset. Hvorfor sitter hun ikke på en
                                            av _dem_ ?
  12. Hun har mange bilder. _De_ er på veggene i værelset hennes.

<u>Ekstra oppgave</u> (not in text). Oversett til norsk:

  1. We usually go to bed at eleven o'clock.
  2. He doesn't go to bed until twelve o'clock.
  3. Are you going to bed already?
  4. We usually call them before they go to bed.
  5. Do you know the students over there?
  6. Do you know where the students are from?
  7. Does she like it in Norway?
  8. I saw the film, but Jorunn hasn't seen it yet.
  9. The film is about Norway. I have seen it three times already.
10. They are buying a house.
11. They are telling us about the house now. It is in Oslo and
     they like it.
12. Are Liv and Bjørn in town already?
13. Have they been at Jorunn's house yet?
14. Why do you ask?
15. They are visiting you (plural) tomorrow.
16. Jorunn lays a book on the bed.
17. Jorunn lies down on the bed.
18. Jorunn is lying on the bed and reading the book.

<u>Translations:</u>

  1. Vi pleier å legge oss klokka elleve.
  2. Han pleier ikke å legge seg før klokka tolv.
  3. Legger du deg allerede?
  4. Vi pleier å ringe til dem før de legger seg.
  5. Kjenner du studentene der borte?
  6. Vet du hvor studentene er fra?
  7. Liker hun seg i Norge?
  8. Jeg så filmen, men Jorunn har ikke sett den ennå.
  9. Filmen er om Norge. Jeg har sett den tre ganger allerede.
10. De kjøper et hus.
11. De forteller oss om huset nå. Det er i Oslo og de liker det.
12. Er Liv og Bjørn i byen allerede?
13. Har de vært hjemme hos Jorunn ennå?
14. Hvorfor spør du? (Hvordan det?)
15. De besøker dere i morgen.
16. Jorunn legger ei bok på senga.
17. Jorunn legger seg på senga.
18. Jorunn ligger på senga og leser boka.

Chapter 8

Vi skriver: Klokka... // Ved...-tiden

    1. Han pleier å spise ved sju-tiden .   (around seven o'clock)
    2. Hun vil spise klokka åtte .   (at eight o'clock)
    3. De pleier å komme ved tre-tiden .   (around three o'clock)
    4. De kommer klokka fem i dag.   (at five o'clock)

Oppgave:

    1. Jeg spiser middag nå.   Jeg vil spise middag nå.
    2. Han besøker dem.   Han kan besøke dem.
    3. Hun skriver mange brev.   Hun skal skrive mange brev.
    4. Vi snakker med deg.   Vi vil snakke med deg.
    5. Du leser boka.   Du må lese boka.
    6. Dere kjøper huset.   Dere vil kjøpe huset.
    7. Du bor i byen.   Du må bo i byen.
    8. Vi legger oss nå.   Vi skal legge oss nå.
    9. Han vasker seg ikke ennå.   Han kan ikke vaske seg ennå.
    10. Legger du deg allerede?   Må du legge deg allerede?
    11. Banker hun ikke på døra?   Skal hun ikke banke på døra?
    12. Stopper dere her?   Kan dere stoppe her?
    13. Hva gjør hun nå?   Hva skal hun gjøre nå?
    14. Vi sitter på golvet.   Vi vil ikke sitte på golvet.
    15. Vi er hjemme.   Vi vil være hjemme.

Oppgave:

    1. Hva drikker du?
    2. Hva vil du ha å drikke ?
    3. Hva vil du drikke ?
    4. Nordmenn spiser småkaker til kaffe.
    5. Du pleier å spise aftens ved åtte-tiden.
    6. Hva leser du nå?
    7. Må du lese boka?
    8. Når skal du spise middag?
    9. Hva spiser du til middag?
    10. Forstår dere dette nå?

Oppgave: Å spise

    1. Han spiste på en restaurant i går.
    2. Hun må spise hjemme i dag.
    3. Vi skal spise formiddagsmat nå.
    4. Har du spist ennå?
    5. Hva liker du å spise til frokost?
    6. Hva vil du spise til frokost?
    7. De har ikke spist ennå.
    8. Han har allerede spist .
    9. Han spiste klokka seks. (spiser)
    10. Når pleier du å spise middag?

Vi repeterer:

1. Han hadde boka på pulten i går. (å ha)
2. Vi har sett filmen mange ganger før. (å se)
3. De var i byen i går. (å være)
4. Skal vi se filmen nå? (å se)
5. Pleier de å se så mange filmer? (å se)
6. Hvor spiste dere frokost i går? (å spise)
7. Har du vært i byen i dag? (å være)
8. Har dere sett på huset ennå? (å se på)
9. Har du spist middag ennå? (å spise)
10. Hvordan har du hatt det? (å ha)

Oppgave: Noen // Noe

1. Kan vi få noe å drikke?
2. Har noen vært her og sett på huset ennå?
3. Spiser du sammen med noen ?
4. Jeg pleier å spise noen brødskiver til frokost.
5. Du kan få noe å spise på restauranten der.
6. Vil du ha middag eller noen smørbrød?

Oppgave: Kan jeg få

1. a menu: Kan jeg få et spisekart?
2. something to drink: Kan jeg få noe å drikke?
3. breakfast: Kan jeg få frokost?
4. the bill: Kan jeg få regningen?
5. some vegetables: Kan jeg få noen grønnsaker?

Oppgave: Jeg skal ha

1. a sandwich: Jeg skal ha et smørbrød.
2. some sandwiches: Jeg skal ha noen smørbrød.
3. a cup of coffee: Jeg skal ha en kopp kaffe.
4. a glass of milk: Jeg skal ha et glass melk.
5. some vegetables: Jeg skal ha noen grønnsaker.
6. a couple of slices Jeg skal ha et par brødskiver.
            of bread:

Vi repeterer: Oversett til norsk:

1. Let's look at the menu. La oss se på spisekartet.
2. He wants to eat at five o'clock but I don't usually eat until around six. Han vil spise klokka fem, men jeg pleier ikke å spise før ved sekstiden.
3. The students have to read the books now. Studentene må lese bøkene nå.
4. What do you want to do? Hva vil du gjøre?
5. I'm going to travel to Norway soon. Jeg skal reise til Norge snart.
6. They want to eat at the restaurant. De vil spise på restauranten.
7. She usually eats dinner with you, right? Hun pleier å spise middag med deg, ikke sant?
8. Yes, we like to eat dinner together. Jo, vi liker å spise middag sammen.

Oppgave:

1. Du har sett det.	La meg se det nå.
2. De forstår norsk.	Forstår dere norsk?
3. Vi legger oss klokka ti.	Når pleier du å legge deg?
4. Vi har spist.	Vil du spise nå?
5. Han så filmen i går.	Hun skal se den i dag.
6. Hun snakker norsk hjemme.	Pleier du å snakke norsk hjemme?
7. De snakker norsk i timen.	Må de snakke norsk i timen?
8. De kjøper mange bøker.	Trenger du å kjøpe mange bøker?

Ekstra oppgave (not in text). Oversett til norsk:

1. What do you usually eat for breakfast?
2. When do you want to eat dinner today?
3. Do you understand him when he speaks Norwegian?
4. When are they going to travel to Norway?
5. Students have to buy many books.
6. He wants a glass of milk, and she wants a cup of coffee.
7. Waiter, can we get the check now?
8. We ate some sandwiches for supper.
9. Have you (plural) eaten yet?
10. Can we get anything to drink here?
11. I believe someone has been here.
12. Let's visit them later.
13. Norwegians usually say,"Thanks for the food" after a meal.
14. They usually eat dinner around six o'clock, but I want to eat at five.

Translations:

1. Hva pleier du å spise til frokost?
2. Når vil du spise middag i dag?
3. Forstår du ham når han snakker norsk?
4. Når skal de reise til Norge?
5. Studenter må kjøpe mange bøker.
6. Han vil ha et glass melk, og hun vil ha en kopp kaffe.
7. Kelner, kan vi få regningen nå?
8. Vi spiste noen smørbrød til aftens.
9. Har dere spist ennå?
10. Kan vi få noe å drikke her?
11. Jeg tror noen har vært her.
12. La oss besøke dem seinere.
13. Nordmenn pleier å si,"Takk for maten" etter et måltid.
14. De pleier å spise middag ved seks-tiden, men jeg vil spise klokka fem.

Chapter 9

Oppgave: Oversett til norsk:

     1. my kitchen   kjøkkenet mitt
     2. your livingroom   stua di
     3. my sofa   sofaen min
     4. your bedroom   soveværelset ditt
     5. my stove   komfyren min
     6. your fireplace   peisen din
     7. my dresser   kommoden min
     8. my coffeetables   kaffebordene mine
     9. your furniture   møblene dine
    10. your easychairs   lenestolene dine

Oppgave: Henne // Hennes

     1. Det er blyanten hennes .
     2. Jeg så henne i går.
     3. Har du sett bildene hennes ?
     4. Jeg var hjemme hos henne i går.
     5. Jeg liker å snakke med henne .

Oppgave: Oversett til norsk:

     1. our kitchen   kjøkkenet vårt
     2. your (plural) cellar   kjelleren deres
     3. his furniture   møblene hans
     4. their T.V.-room   T.V.-stua deres
     5. her television   fjernsynet hennes
     6. our livingroom   stua vår
     7. his recordplayer   platespilleren hans
     8. our beds   sengene våre
     9. their kitchencounter   kjøkkenbenken deres
    10. her closet   skapet hennes
    11. my bathtub   badekaret mitt
    12. your (singular) sofa   sofaen din
    13. our coffeetable   kaffebordet vårt
    14. your (plural) livingroom stua deres
    15. their dresser   kommoden deres
    16. our furniture   møblene våre
    17. your (plural) books   bøkene deres
    18. their bedrooms   soveværelsene deres
    19. his vegetables   grønnsakene hans
    20. my bills   regningene mine

Oppgave: Ordstilling

     1. Jeg ser på fjernsyn nå.   Nå ser jeg på fjernsyn.
     2. Han legger seg nå.   Nå legger han seg.
     3. De har vært i Norge nå.   Nå har de vært i Norge.
     4. Vi har sett filmen nå.   Nå har vi sett filmen.
     5. Hun har spist middag nå.   Nå har hun spist middag.
     6. Du liker deg her nå.   Nå liker du deg her.
     7. Vi skal reise til Norge nå. Nå skal vi reise til Norge.
     8. Studentene må gjøre   Nå må studentene gjøre hjemmeleksene.
          hjemmeleksene nå.

Oppgave:

1. <u>I annen etasje</u> er det tre soveværelser.
2. <u>I morgen</u> reiser han til Bergen.
3. <u>I går kveld</u> var Svein hjemme hos Jorunn.
4. <u>Det forstår</u> jeg ikke.
5. <u>I Bergen</u> har han ofte vært.
6. <u>I går kveld</u> spiste Karsten og Åse på en restaurant.
7. <u>Klokka elleve</u> legger jeg meg alltid.
8. <u>Ved fem-tiden</u> pleier vi å spise middag.
9. <u>Snart skal</u> hun reise til Norge.
10. <u>I går</u> så Jorunn familien til Svein i butikken.
11. "<u>Jorunn er på skolen i dag</u>," tenker Jens-Petter.
12. "<u>Hvor er Svein i dag?</u>" spør lærer Hansen.
13. <u>Over senga til Jorunn</u> er det ei lampe.
14. <u>På skolen</u> liker Svein seg ikke.
15. <u>I morgen</u> kommer han ikke på skolen.
16. <u>Deg har</u> jeg ikke sett før.

<u>Ekstra oppgave</u> (not in text). Oversett til norsk:

1. Over there you can see our house.
2. I don't know her, but I know that her family lives in town.
3. Svein's room is not on the fifth floor.
4. Yesterday evening his family ate dinner at a restaurant in town.
5. We usually use the stove in the kitchen when we make dinner.
6. Tomorrow we are going to buy a television.
7. At eight o'clock her family has to be at home.
8. On the second floor there are four bedrooms and a bathroom.
9. Your books are lying on the desk in your room.
10. Do you live on the fourth floor?
11. What kind of rooms did you see on the third floor?
12. In the cellar there were a refrigerator and a recordplayer.
13. Tomorrow I want to visit your (plural) family.
14. Today we have to learn to count to twenty.
15. Let's sit around the coffeetable in the livingroom and drink
                                                        coffee.

<u>Translations</u>:

1. Der borte kan du se huset vårt.
2. Jeg kjenner henne ikke, men jeg vet at familien hennes bor i byen.
3. Værelset til Svein er ikke i femte etasje.
4. I går kveld spiste familien hans middag på en restaurant i byen.
5. Vi pleier å bruke komfyren i kjøkkenet når vi lager middag.
6. I morgen skal vi kjøpe et fjernsyn.
7. Klokka åtte må familien hennes være hjemme.
8. I annen etasje er det fire soveværelser og et bad.
9. Bøkene dine ligger på skrivebordet ditt i værelset ditt.
10. Bor du i fjerde etasje?
11. Hva slags værelser så du i tredje etasje?
12. I kjelleren var det et kjøleskap og en platespiller.
13. I morgen vil jeg gjerne besøke familien deres.
14. I dag må vi lære å telle til tjue.
15. La oss sitte omkring kaffebordet i stua og drikke kaffe.

Chapter 10

<u>Vi skriver:</u>

1. Moren <u>min</u> kommer fra Norge.
2. Barnet <u>mitt</u> er i Norge nå.
3. Besteforeldrene <u>mine</u> kommer fra Norge.
4. Bor søsteren <u>din</u> i Minneapolis? (deres)
5. Broren <u>hennes</u> er gift.
6. Kjenner du foreldrene <u>hans</u>?
7. Har besteforeldrene <u>dine</u> mange barn? (deres)
8. Onkelen <u>vår</u> bor i Amerika.
9. Kona <u>mi</u> går på skole.
10. Moren <u>til Hansen</u> er lærer.
11. Boka <u>til læreren</u> ligger på bordet.
12. <u>Bestemoren</u> hennes bor i Norge.
13. <u>Søsknene</u> mine arbeider ikke. (Brødrene og søstrene)
14. <u>Tantene</u> mine er i Norge nå.
15. Sønnen <u>hennes</u> går på skole nå.
16. Jeg skal se <u>ham</u> klokka fem.
17. Datteren <u>deres</u> går også på skole.
18. Jeg ser <u>henne</u> klokka fire.
19. Kjenner du <u>henne</u>? Kjenner du brødrene <u>hennes</u>?
20. Hvor er kona <u>di</u>? (<u>Deres</u> is illegal!)
21. Heter broren <u>din</u> Svein? (deres)
22. Broren <u>til Jorunn</u> går på skole.
23. Søskenbarnet <u>ditt</u> kommer i dag. (deres)
24. Har du sett moren <u>hennes</u>?
25. Jeg ser <u>henne</u> nå.

<u>Øvelse:</u>

1. Bestefaren min kommer fra Norge.
2. Onklene hans arbeider på en skole.
3. Barnet mitt har ikke søskenbarn.
4. Læreren til Svein heter Hansen.
5. Hva heter kona di?
6. Brødrene til mor er ikke gift.
7. Brødrene hans kjenner henne ikke.
8. Slektningene dine kommer fra Amerika.
9. Han har ikke sett foreldrene hennes.
10. Barna mine kjenner ham ikke.
11. Kona mi har ikke vært hjemme hos ham.

<u>Ekstra oppgave</u> (not in text). Oversett til norsk:

1. Now her children live in Texas.
2. His brothers are called Jens, Olav and Per.
3. Thor's grandparents were from Germany and England.
4. Yesterday I saw their father in the store.
5. Her daughters aren't married, but her sons are married and have children.
6. Do you know my sisters? No, but I know that your brother lives in Florida.
7. Svein's brothers-and-sisters treat him like a child.
8. Soon they are going to travel to Norway again.

Ekstra oppgave (continued)

    9. Our grandfather is no longer living.
  10. We can perhaps visit her grandchildren tomorrow.
  11. Do you know my wife? No, I have never seen your wife.
  12. Yesterday evening I ate dinner at my aunt's house.

Translations:

    1. Nå bor barna hennes i Texas.
    2. Brødrene hans heter Jens, Olav og Per.
    3. Besteforeldrene til Thor var fra Tyskland og England.
    4. I går så jeg faren deres i butikken.
    5. Døtrene hennes er ikke gift, men sønnene hennes er gift og
       har barn.
    6. Kjenner du søstrene mine? Nei, men jeg vet at broren din bor
       i Florida.
    7. Søskene til Svein behandler ham som et barn.
    8. Snart skal de reise til Norge igjen.
    9. Bestefaren vår lever ikke lenger.
  10. Vi kan kanskje besøke barnebarna hennes i morgen.
  11. Kjenner du kona mi? Nei, jeg har aldri sett kona di.
  12. I går kveld spiste jeg middag hos tanten min.

Chapter 11

Øvelse: Å få

   1. Han pleier _å få_ mange   He usually gets many letters.
                 brev.
   2. _Får_ jeg se på det?   May I look at that?
   3. Vi _får_ ikke spise ennå.   We may not eat yet. (We don't have
                                       permission.)
   4. Kan vi _få_ noe å spise her? Can we get something to eat here?

   1. May I introduce my wife?   Får jeg presentere kona mi?
   2. Can we get something to   Kan vi få noe å drikke her?
       drink here?
   3. Can we get the check now? Kan vi få regningen nå?
   4. May we go now?   Får vi gå nå?

Oppgave: Imperativ

   1. Se på klokka!   Jeg vil ikke _se på klokka_.
   2. Lag middag nå!   Nei, jeg skal _lage middag_ seinere.
   3. Spis!   Takk, jeg _spiser_.
   4. Skriv brevene!   Må jeg _skrive brevene_?
   5. Reis til Norge!   Jeg kan ikke _reise til Norge_.
   6. Bruk komfyren!   Jeg vil ikke _bruke komfyren_.
   7. Sitt på golvet!   Vi _sitter på golvet_.
   8. Kjøp huset!   Vi kan ikke _kjøpe huset_.
   9. Snakk engelsk!   Jeg vil ikke _snakke engelsk_.
  10. Gå nå!   Vi _går nå_.
  11. Fortell meg om det! Jeg skal _fortelle deg om det_.
  12. Lukk vinduet!   Jeg vil ikke _lukke vinduet_.
  13. Si det en gang til! Jeg kan ikke _si det en gang til_.

Oppgave:

   1. Les!   Jeg leser.
   2. Sov!   Vi sover.
   3. Se filmen!   Jeg skal se filmen i morgen.
   4. Ta bilder!   Vi tar bilder.
   5. Ligg på senga!   Jeg vil ligge på senga.
   6. Svar på norsk!   Må vi svare på norsk?
   7. Bank på døra!   Jeg vil ikke banke på døra.
   8. Stopp her!   Vi skal stoppe her.
   9. Smil til ham!   Må jeg smile til ham?
  10. Hjelp dem!   Jeg hjelper dem.
  11. Tell til ti!   Vi teller til ti.
  12. Lukk døra!   Jeg kan ikke lukke døra.
  13. Besøk foreldrene mine! Må jeg besøke foreldrene dine?
  14. Finn bøkene!   Jeg kan ikke finne bøkene.
  15. Vask golvet!   Men jeg vil ikke vaske golvet.
  16. Si det en gang til! Vi sier det en gang til.

Øvelse: Å sovne // Å sove

    1. Pleier du _å sove_ bra?   Do you usually sleep well?
    2. Jeg pleier _å sovne_ klokka   I usually fall asleep at eleven.
                  elleve.
    3. Svein, du må ikke _sove_ i Svein, you mustn't sleep in class!
                  timen!
    4. Krogstad ser senga, legger Krogstad sees the bed, lies down and
       seg og _sovner_ .   falls asleep.

Øvelse: Å føle seg

    How are you feeling today?   Hvordan føler du deg i dag?

                           Jeg føler meg bra i dag.
                           Jeg føler meg ikke så bra i dag.

Oppgave: Å sove

    1. Har du _sovet_ bra?
    2. Ja, jeg pleier _å sove_ bra her.
    3. _Sov_ du bra i går?
    4. Du må ikke _sove_ i timen!
    5. Vi _sover_ nå.
    6. Du må også _sove_ . _Sov_ !

Øvelse: Å vokse // Å dyrke

    1. Han er bonde i Amerika. Han _dyrker_ hvete.
    2. Hvete _vokser_ ikke bra i Norge.
    3. Grønnsakene bak huset _vokser_ bra nå.
    4. Hva pleier familien din _å dyrke_ ?
    5. Hva _dyrker_ familien din?

Ekstra oppgave (in the book). Oversett til norsk:

    1. He is a farmer. He lives on a farm in the country.
    2. He likes to be a farmer, and he likes to live in the country.
    3. Mrs. Bakke wants to introduce the children to Krogstad.
    4. Bakke grows rye, oats and hay.
    5. Mrs. Bakke grows potatoes, peas, cabbage and cauliflower.
    6. Their neighbor grows apples and pears. He usually sells them
       at the market-place in town.
    7. The Bakke family has some animals, too. They have eight cows,
       five pigs, a cat and a dog.
    8. Krogstad slept well. How did you sleep?
    9. When do you usually fall asleep?
  10. May I look around a little?
  11. Have they looked around the town yet?
  12. Show me the town. I want to see everything.
  13. Is your mother a journalist?
  14. Close the door and look at this!
  15. Do you feel better today?

Translations:

1. Han er bonde. Han bor på en gård på landet.
2. Han liker å være bonde, og han liker å bo på landet.
3. Fru Bakke vil gjerne presentere barna for Krogstad.
4. Bakke dyrker rug, havre og høy.
5. Fru Bakke dyrker poteter, erter, kål og blomkål.
6. Naboen deres dyrker epler og pærer. Han pleier å selge dem på torget i byen.
7. Familien Bakke har noen dyr, også. De har åtte kuer, fem griser, en katt og en hund.
8. Krogstad sov godt. Hvordan sov du?
9. Når pleier du å sovne?
10. Får jeg se meg litt omkring?
11. Har de sett seg omkring i byen ennå?
12. Vis meg byen. Jeg vil gjerne se alt.
13. Er moren din journalist?
14. Lukk døra og se på dette!
15. Føler du deg bedre i dag?

Oversett og svar på spørsmålet:

1. What kind of animals do you like? Hva slags dyr liker du?
2. What kind of vegetables do you like? Hva slags grønnsaker liker du?
3. Do you like it in the country? Liker du deg på landet?

80

Chapter 12

<u>Oppgave:</u> Sin-si-sitt-sine // Hans, hennes, deres

   1. Herr og fru Bakke viser Krogstad gården <u>sin</u>.
   2. Krogstad besøker gården <u>deres</u>.
   3. Thorleif er på værelset <u>sitt</u> og leser boka <u>si</u>.
   4. Siri er på kjøkkenet og snakker med moren <u>sin</u>.
   5. Mette er på værelset <u>sitt</u>. Værelset <u>hennes</u> er i annen etasje.
   6. Hun ser seg i speilet. Hun ligner på foreldrene <u>sine</u>.
   7. Familien Bakke liker seg på landet, og Krogstad liker seg på
                                       gården <u>deres</u>.

   7. Gården <u>deres</u> er på landet.

<u>Oversett til norsk:</u>

   1. Tomorrow he is coming to Oslo with his mother.

     I morgen kommer han til Oslo med moren sin.

   2. Svein's father ate breakfast with his grandchildren.

     Faren til Svein spiste frokost med barnabarna sine.

   3. Both Siri and Mette resemble their parents.

     Både Siri og Mette ligner på foreldrene sine.

   4. Krogstad wants to write about the Bakke family for his newspaper.

     Krogstad vil (gjerne) skrive om familien Bakke for avisen sin.

   5. They are telling him about their farm.

     De forteller ham om gården sin.

   6. Mrs. Bakke grows vegetables in her garden.

     Fru Bakke dyrker grønnsaker i hagen sin.

   7. Her garden is behind the house.

     Hagen hennes er bak huset.

   8. Krogstad looked around on their farm.

     Krogstad så seg omkring på gården deres.

   9. I live on a farm in the country, but I like it in town, too.

     Jeg bor på en gård på landet, men jeg liker meg i byen, også.

  10. Mr. and Mrs. Bakke, where are your children?

     Herr og fru Bakke, hvor er barna deres?

<u>Oppgave:</u> Sin-si-sitt-sine // Hans, hennes, deres

   1. Herr og fru Bakke snakker om slektningene <u>sine</u>.
   2. Bakke forteller om broren <u>sin</u>.
   3. Broren <u>hans</u> bor i Amerika.
   4. Broren til Bakke har en datter. Datteren <u>hans</u> bor i New York.
   5. Hun ser ikke foreldrene <u>sine</u> ofte.
   6. Fru Bakke snakker også om søsknene <u>sine</u>.
   7. En av brødrene <u>hennes</u> er journalist.
   8. Krogstad er også journalist, men han kjenner ikke broren <u>hennes</u>.
   9. Fru Bakke har søsken i utlandet. Begge søstrene <u>hennes</u> bor i
                                      utlandet.

  10. Hun ser ikke søstrene <u>sine</u> ofte, men en av brødrene <u>hennes</u>
                                      bor i byen.

  11. Fru Bakke sier at broren <u>hennes</u> besøker dem ofte.
  12. Herr Bakke sier at broren <u>hans</u> bor i Amerika.

Øvelse: Begge // Både...og

1. Både Arne og Krogstad går omkring på gården.
2. De ser både på låven og på fjøset.
3. Fru Bakke presenterer både guttene og pikene for Krogstad.
4. Fru Bakke presenterer begge pikene for Krogstad.
5. Begge døtrene hjelper foreldrene på gården.
6. Både sønnene og døtrene hjelper foreldrene på gården.

Øvelse: Å være på besøk hos

1. Familien var på besøk hos slektningene sine i går.
2. Bakke barna har ofte vært på besøk hos slektningene sine.
3. Krogstad er på besøk hos familien Bakke nå.
4. Han liker å være på besøk hos hos dem.

Øvelse: Å besøke

1. Liker du å besøke slektningene dine?
2. Besøker du dem ofte nå?
3. Når besøkte du dem sist?
4. Har de besøkt deg?

Øvelse: Å si

1. Han snakker mye, men han sier ikke mye.
2. Studentene lærer å si mange ord på norsk.
3. Hun har sagt det mange ganger før.
4. Han sa ikke noe om det i går.
5. Du må ikke si noe til dem om det.
6. Nå kan studentene si mye på norsk.
7. Tror du hun har sagt det til ham ennå?
8. "Velkommen til oss," sier fru Bakke og tar Krogstad i hånden.
9. Si det en gang til!
10. Kunne du si det en gang til?

Oppgave: Oversett til norsk:

1. "Good night and sleep well," he said.
   "God natt og sov godt," sa han.
2. The Norwegians ask, "Do you speak English?"
   Nordmennene spør, "Snakker du engelsk?"
3. They always say that.
   De sier det alltid.
4. She often said that.
   Hun sa det ofte.
5. May I say something now?
   Får jeg si noe nå?
6. Can you say it in Norwegian?
   Kan du si det på norsk?

Vi repeterer: Å si // Å se

1. Svein, har du _sett_ boka mi?
2. Ja, jeg _så_ den i går.
3. Hva _sa_ du?
4. Jeg _sa_ at jeg _så_ den i går.
5. _Sier_ du at du _har sett_ den?
6. Ja, men jeg _ser_ den ikke nå.
7. Du _har sagt_ det før.
8. Jeg skal _se_ deg i morgen.

Øvelser: Klokka

Hvor mange er klokka?	10.50	ti på elleve
Hvor mange er klokka?	11.25	fem på halv tolv
6.15 kvart over seks	4.10	ti over fire
12.40 ti over halv ett	9.30	halv ti

Datoer

4/7	den fjerde juli	den 4. juli
7/9	den sjuende august	den 7. august
10/2	den tiende februar	den 10. februar
8/3	den åttende mars	den 8. mars
6/4	den sjette april	den 6. april

Ekstra oppgave (not in text). Oversett til norsk:

1. Krogstad visited the Bakke family. (Translate 'visited' two ways.)
2. He said that he had a good time on their farm.
3. He slept and ate well.
4. Both Mr. and Mrs. Bakke have relatives abroad.
5. Are the farmers growing wheat again this year?
6. How is the hay growing this year?
7. Both of the children shake Krogstad's hand.
8. "My brother is a farmer in Minnesota," Mr. Bakke said.
9. We are going to eat dinner at 6:30.
10. Last year they visited me on my birthday.
11. The child was born at 12:35 on August 26th.
12. The whole family is going to visit us next week. (Translate 'visit' two ways.)

Translations:

1. Krogstad var på besøk hos familien Bakke.
   Krogstad besøkte familien Bakke.
2. Han sa at han hadde det hyggelig.
3. Han sov og spiste godt.
4. Både herr og fru Bakke har slektninger i utlandet.
5. Dyrker bøndene hvete igjen i år?
6. Hvordan vokser høyet i år?

Translations (continued)

7. Begge barna tar Krogstad i hånden.
8. "Broren min er bonde i Minnesota," sa herr Bakke.
9. Vi skal spise middag klokka halv sju.
10. I fjor besøkte de meg på min fødselsdag.
11. Barnet ble født klokka fem over halv ett den tjuesjette august.
12. Hele familien skal besøke oss neste uke.
    Hele familien skal være på besøk hos oss neste uke.

Chapter 13

Vi skriver:

1. en stor by
2. et fint hus
3. ei lang gate
4. mange fine parker
5. noen gode museer
6. ei god bok
7. et langt bord
8. et godt museum
9. ei pen gate
10. et gult slott
11. mange røde flagg
12. mange pene byer
13. en høy bygning
14. et hvitt bord
15. mange hvite bord

Oppgave: Museum

1. Er det noen gode museer i byen?
2. Ja, det er et godt museum der borte.
3. Hva kan vi se i museet der borte?
4. Jeg vet ikke, men alle museene i byen er gode.

Oppgave: Adjektiv

1. I dag er det varmt .
2. Alle hotellene i byen er dyre .
3. Kafeen var full så vi spiste ikke der.
4. Bor du på et godt hotell?
5. Han leser ei interessant bok.
6. Har dere sett mange interessante ting?
7. Det er mange røde flagg på bygningene.
8. Noen av bygningene er høye .
9. I byen er det mange lange gater.
10. Men det er også mange pene parker og fine kirker.

Oppgave:

1. Statuen er ved siden av teatret.
2. Skolen er ved enden av parken.
3. Hotellet er bak statuen.
4. Friluftskafeen er foran hotellet.
5. Teatret er ved siden av restauranten.

Oppgave:

1. Vi har sett mange store bygninger i byen.
2. Han pleier å si interessante ting .
3. Det er mange hyggelige gater i Oslo.
4. Er det noen gode museer i byen?
5. Pleier det å være så mange flagg på bygningene?

Oppgave (continued)

   6. Er _museet_ stort?
   7. _Kafeene_ er fulle av folk nå.
   8. Har du sett noen gode _skuespill_ i år?

Oppgave: Adjektiv

   1. Vi vil gjerne kjøpe noen _deilige_, _saftige_, _røde_ epler.
   2. Jeg spiser et eple. Det er _deilig_, _saftig_ og _rødt_.
   3. Torget er et _populært_ sted, og det er _interessant_ å være der.
   4. Det er mange _fargerike_ blomster, _fine_ grønnsaker og
      hyggelige mennesker på torget.
   5. Frukten er _rimelig_ på torget. Grønnsakene er også _rimelige_
                                      der.
   6. Turistene liker seg i Oslo. Det er så mange _interessante_ steder
                                      å se.
   7. Det er alltid _hyggelig_ å være i Norge.
   8. Men jeg kan ikke finne et _billig_ hotell.
   9. Bor du i et _grønt_ hus?
  10. Taket er _hvitt_ men veggene er _grønne_.

Oppgave: Hvilken

   1. Hvilket skuespill så du?   Jeg så Et dukkehjem.
   2. Hvilken kirke besøkte dere? Vi besøkte Domkirken.
   3. Hvilken etasje bor han i?   Han bor i tredje etasje.
   4. Hvilke bøker leser hun?   Hun leser Kon-Tiki og Aku-Aku.
   5. Hvilken buss skal vi ta?   Dere skal ta buss nummer ti.

Oppgave: Norsk // Nordmann: Oversett til norsk:

   1. Norwegian beer is good, but Norsk øl er godt, men svært dyrt.
             very expensive.
   2. We saw many Norwegian flags Vi så mange norske flagg foran
      in front of the Palace   Slottet i dag.
      today.
   3. Yesterday there were many   I går var det mange nordmenn i
      Norwegians in the streets. gatene. Det var syttende mai.
      It was May seventeenth.
   4. She wants to find a reason- Hun vil gjerne finne et rimelig
      able Norwegian hotel.   norsk hotell.
   5. Is she a Norwegian?   Er hun nordmann?

Ekstra oppgave (not in text). Oversett til norsk:

   1. In the capital there are many large buildings.
   2. There is a good hotel next to the restaurant, but it is ex-
      pensive to stay there.
   3. Every year many well-known people visit the museum.
   4. There are many other interesting places to visit in town, too.
   5. At the marketplace the vegetables are reasonable.
   6. In front of the theater there are a couple of fine statues.
   7. Behind the hotel there is a good, but expensive, restaurant.
   8. The vegetables were delicious, and the fruit was good, too.

Ekstra oppgave (continued)

9. We ate oranges for breakfast. They were expensive, but they were good and juicy.
10. Have you ever been here before?
11. Let's go across the street and look at the stores over there.
12. The flags in front of the theater were very colorful; they were red, yellow, white, green, etc.

Translations:

1. I hovedstaden er det mange store bygninger.
2. Det er et godt hotell ved siden av restauranten, men det er dyrt å bo der.
3. Hvert år besøker mange kjente mennesker museet.
4. Det er mange andre interessante steder å besøke i byen også.
5. På torget er grønnsakene rimelige.
6. Foran teatret er det et par fine statuer.
7. Bak hotellet er det en god, men dyr, restaurant.
8. Grønnsakene var deilige, og frukten var god også.
9. Vi spiste appelsiner til frokost. De var dyre, men de var gode og saftige.
10. Har du noen gang vært her før?
11. La oss gå over gata og se på butikkene der borte.
12. Flaggene foran teatret var svært fargerike; de var røde, gule, hvite, grønne, osv.

Chapter 14

Oppgave: Tilsteds- og påstedsadverb

    1. Er herr Krogstad _inne_ ?
    2. Nei, han er dessverre _ute_ .
    3. Takk, vi vil gjerne komme _inn_ .
    4. Har du vært _oppe_ i tredje etasje ennå?
    5. Naboene våre har vært _borte_ en måned.
    6. Vi går _ned_ til havna og ser på båtene der _nede_ .
    7. Hun er _ute_ i hagen. Vi går _ut_ til henne.
    8. Han er _oppe_ på soveværelset. Vi går _opp_ til ham.
    9. Vi går _inn_ i huset.
   10. Når kom hun _hjem_ ? Er hun fremdeles _hjemme_ ?
   11. Var det noe _inne i_ egget?
   12. Han er _nede_ i kjelleren. La oss gå _ned_ til ham.

Oppgave: Adjektiv

    1. Det er mange _viktige_ kontorer i Rådhuset.
    2. Han er en meget _viktig_ mann.
    3. Mannen sier at dette er _viktig_ .
    4. Sola skinner inn. Det er _lyst_ i værelset.
    5. Det er et _hyggelig_ værelse.
    6. I annen etasje er det mange _fine_ møbler.

Oppgave: Tilsteds- og påstedsadverb

    1. Han har vært i Norge, men hun har aldri vært _der_ .
    2. Hun ønsker å reise _dit_ snart.
    3. De kommer _hit_ på besøk i morgen.
    4. Har du vært _her_ før?
    5. Rådhuset ligger _der nede_ .
    6. Vi går _dit ned_ for å se det.
    7. Er det noe interessant å se _her nede_ ved havna?
    8. De bor _der ute_ på Bygdøy.
    9. Har du vært _der ute_ ennå?
   10. Nei, men jeg vil gjerne ta båten _dit ut_ seinere i dag.

Oppgave: Gammel

    1. Vikingskipene er svært _gamle_ .
    2. Akershus Slott er omtrent seks hundre år _gammelt_ .
    3. Domkirken er omtrent to hundre og femti år _gammel_ .
    4. Hvor _gamle_ er søsknene dine?
    5. Hvor _gammel_ er du?
    6. Turister liker å ta bilder av _gamle_ ting.
    7. Hun har noen _gamle_ bilder av Oslo.
    8. De bor i et svært _gammelt_ hus.
    9. Norske barn begynner å gå på skole når de er sju år _gamle_ .

Oppgave: Annen

1. Jeg vil gjerne komme en __annen__ dag.
2. Han sa mange __andre__ interessante ting om museet.
3. De bor ikke der nå. De bor i et __annet__ hus.
4. Noen studenter liker å lære norsk, __andre__ liker ikke å gjøre
                                                                      det.
5. Han leser ikke Dagbladet. Han leser en __annen__ avis.

Oppgave: Liten

1. Det er mange store og __små__ båter på Oslofjorden.
2. Kon-Tiki-museet er et __lite__ museum.
3. Vi har tatt en __liten__ båt ut til Bygdøy.
4. Han er bare et __lite__ barn.
5. Vil du ha et stort eller et __lite__ glass melk?
6. Mette er ei __lita__ jente.
7. Det er mange gamle hus på øya. Noen er store, andre er __små__.
8. Flåten til Thor Heyerdahl er svært __liten__.
9. Huset vårt er svært __lite__.
10. Han er ikke stor. Han er __liten__.

Vi skriver: Litt // Liten

1. Vi bor i et __lite__ hus.
2. Hun spiser __litt__ mat.
3. De har en __liten__ båt.
4. En __liten__ pike drikker __litt__ melk.
5. Det er __litt__ varmt her inne.
6. "Det er __litt__ dyrt," tenker vi.
7. Det er bare et __lite__ vindu i værelset.
8. Det er bare et __lite__ hotell, og nå er det __litt__ fullt.

Øvelse: Å ta

1. Turister liker __å ta__ bilder.
2. Vi må __ta__ mange bilder av Domkirken.
3. Vi __tok__ bussen ut til Bygdøy i går.
4. Har du noen gang __tatt__ båten dit ut?
5. Thor Heyerdahl __tok__ en lang tur over Stillehavet med flåten
                                                              Kon-Tiki.
6. __Tar__ du mange bilder når du er i Norge?
7. __Pleier__ de __å ta__ bussen ut til Bygdøy?
8. Hvor er turistene? De __har tatt__ båten til byen.

Oppgave: Å, for å, og eller --

1. Jeg pleier __å__ spise frokost i byen.
2. Jeg tok bussen til byen __for å__ spise frokost.
3. Jeg tok bussen til byen __og__ spiste frokost.
4. Han ønsker __å__ reise til Norge __for å__ lære norsk.
5. De tok båten ut til Bygdøy __for å__ se museene.
6. Hun er her __for å__ snakke med deg.
7. Hun vil __--__ snakke med deg nå.
8. De vil __--__ reise til Norge __og__ besøke slektningene sine.
                                    (for å)

Oppgave: <u>Å, for å, og eller --</u> (continued)

9. De reiser til Norge <u>og</u> besøker slektningene sine hvert år.
10. Barnet trenger <u>å</u> sove litt nå.
11. Hva vil du <u>--</u> gjøre i byen?
12. Besøkte du <u>Oslo</u> <u>for å</u> se vikingskipene?
13. De besøkte meg <u>og</u> så noen av bildene mine.
14. De tok bussen <u>til byen</u> <u>og</u> besøkte søsteren min.
15. Krogstad besøkte familien Bakke <u>for å</u> skrive om dem for
                                                       avisen sin.

Oppgave: <u>Adjektiv</u>

1. Har du sett noen <u>morsomme</u> skuespill i år?
2. Ja, vi så et svært <u>morsomt</u> skuespill i går kveld.
3. Klokka er ni, vi pleier å spise ved sju-tiden. Vi er <u>sultne</u>.
4. Var barna også <u>sultne</u>? Er du <u>sulten</u>?
5. Han var <u>sulten</u>, hun var <u>sulten</u>, og jeg var <u>sulten</u>.
6. Det var <u>ikke</u> <u>morsomt</u>!
7. Husene på Folkemuseet er svært <u>gamle</u>.
8. Noen av dem har <u>grønt</u> gras på taket.
9. Barnet er <u>trøtt</u> og <u>sultent</u>. Er dere <u>trøtte</u> eller <u>sultne</u>?
10. Vi ser på ei hardingfele, et <u>gammelt</u> <u>norsk</u> folkeinstrument.

Øvelse: <u>Å komme</u>

1. Når <u>kom</u> du hjem i går kveld?
2. Vil du <u>komme</u> og besøke meg snart?
3. <u>Kom</u> og besøk meg!
4. <u>Kan du</u> <u>komme</u> hit?
5. Han <u>kommer</u> ofte på besøk til oss. (kom)
6. Når <u>kommer</u> vi til Oslo? (kom)
7. Har turistene <u>kommet</u> ennå?
8. Nå har vi <u>kommet til</u> Bygdøy.

Oppgave: <u>En</u>

1. <u>Kan en se interessante ting</u>   <u>Vi</u> så mange interessante ting der.
   <u>der?</u>
2. <u>Kan en spise på hotellet?</u>   <u>Vi</u> spiste på hotellet.
3. <u>Kan en ta bussen tilbake</u>   <u>Vi</u> tok bussen tilbake til byen.
   <u>til byen?</u>
4. <u>Kan en komme hit ut med</u>   <u>Vi</u> kom hit ut med båt.
   <u>båt?</u>
5. <u>Kan en sove godt på</u>   <u>Vi</u> sov godt på hotellet.
   <u>hotellet?</u>

Oppgave: <u>Å ta det med ro</u>

1. Jeg liker <u>å ta det med ro</u>.
2. Jeg <u>tok det med ro</u> i går.
3. Jeg <u>vil gjerne</u> <u>ta det med ro</u>.
4. Så jeg <u>tar det med ro</u> (nå).

Oppgave: Substantiver

1. Faren min er __bonde__ og onklene mine er også __bønder__ .
2. Jeg kjenner mange __lærere__ i Norge. Er du __lærer__ ?
3. Nå begynner __trærne__ å bli grønne igjen.
4. Familien Bakke har noen gamle __klær__ på stabburet.
5. Det var morsomt å se på __(folke)danserne__ .
6. Det er mange interessante __steder__ og mange interessante __ting__
   å gjøre i Oslo.
7. Jeg liker sommer. __Trærne__ er grønne da.
8. Det er mange gode __teatre__ i Oslo.

Øvelse: Å gå

1. Nordmenn liker __å gå__ i Nordmarka.
2. Mange nordmenn __går__ lange turer hver søndag.
3. Det er første gang jeg har __gått__ i Nordmarka.
4. I går __gikk__ vi en lang tur.
5. Jeg pleier __å gå__ en lang tur hver dag.
6. Har han __gått__ ennå?
7. Liker du __å gå__ lange turer?
8. Et øyeblikk! Hvor __går__ du?

Oppgave: Adjektiv

1. Nordmarka er et __flott__ sted.
2. Kom du hit med et __amerikansk__ skip?
3. Er det __slike__ restauranter i andre __norske__ byer også?
4. Dyrene var __gamle__ og __sultne__ .
5. Holmenkollen er et __berømt__ sted; mange __berømte__ nordmenn har
   vært der.

Ekstra oppgave (not in text). Oversett til norsk:

1. In the buildings over there there are many important offices.
2. We took a little boat out to Bygdøy.
3. In front of the boat we could see many large and small islands.
4. Out on Bygdøy we saw many interesting museums.
5. Kon-Tiki-Museum was one of them. It is just a little museum, but
   there are many interesting things to see there anyway.
6. The tourists are going to visit the museum a little later. They
   want to look at Heyerdahl's raft.
7. Many have also come to read about his trip in his diary.
8. Some of the tourists are telling the Norwegians about their trip.
9. Another day they can visit the viking ships.
10. The viking ships are approximately one thousand years old.
11. We have to buy another map to find our hotel.
12. Are you hungry? (Translate two ways: Speaking to one person,
    and then to more than one.)
13. Has she gone home yet? Is she home yet?
14. Is there anything interesting to do down there?
15. I don't know. Let's go down there and see.

Translations:

1. I bygningene der borte er det mange viktige kontorer.
2. Vi tok en liten båt ut til Bygdøy.
3. Foran båten kunne vi se mange store og små øyer.
4. Ute på Bygdøy så vi mange interessante museer.
5. Kon-Tiki-museet var ett av dem. Det er bare et lite museum, men det er mange interessante ting å se der allikevel.
6. Turistene skal besøke museet litt seinere. De vil gjerne se på flåten til Heyerdahl.
7. Mange har også kommet for å lese om turen hans i dagboka hans.
8. Noen av turistene forteller nordmennene om turen sin.
9. En annen dag kan de besøke vikingskipene.
10. Vikingskipene er omtrent tusen år gamle.
11. Vi må kjøpe et annet kart for å finne hotellet vårt.
12. Er du sulten? Er dere sultne?
13. Har hun gått hjem ennå? Er hun hjemme ennå?
14. Er det noe interessant å gjøre der nede?
15. Jeg vet ikke. La oss gå dit ned og se.

Chapter 15

Oppgave: Oversett til norsk:

1. Could you please pass me the vegetables (meat, gravy)?

Kunne du være så snill å sende meg grønnsakene (kjøttet, sausen)?

2. Do you want to have more to eat?

Vil du ha mer å spise?

3. No, thank you. It was delicious, but I'm full.

Nei takk. Det var deilig, men jeg er forsynt.

4. The guests sit down at the table, help themselves to the food, eat, get up from the table and say: "Thanks for the food."

Gjestene setter seg ved bordet, forsyner seg av maten, spiser, reiser seg fra bordet og sier: "Takk for maten."

Øvelse: Å sette // Å sitte

1. Hvor vil du _sitte_ ?
2. Hvor _sitter_ de?
3. Han _setter_ noen glass på bordet.
4. Du kan _sette_ deg her. Vi _sitter_ der borte.
5. Gjestene _setter_ seg ved bordet.

Vi skriver: Refleksive pronomener

1. Han reiser _seg_ fra bordet.
2. Vi ser _oss_ omkring i huset.
3. "Du må forsyne _deg_ av potetene," sier vertinnen.
4. Hun setter _seg_ ved bordet og spiser.
5. Gjestene reiser _seg_ fra bordet og sier: "Takk for maten."
6. Jeg setter _meg_ ved bordet og forsyner _meg_ .
7. Gjestene pleier å forsyne _seg_ av maten to ganger.

Oppgave: Imperativ

1. Sett deg!
Nei, jeg vil ikke _sette meg._
2. Legg dere!
Nei, vi skal ikke _legge oss._
3. Se deg omkring i byen!
Ja, jeg må _se meg omkring i byen._
4. Forsyn deg!
Takk, jeg vil gjerne _forsyne meg._
5. Forsyn dere!
Takk, vi skal _forsyne oss._
6. Reis deg!
Må jeg _reise meg?_
7. Vask dere!
Vi kan ikke _vaske oss._
8. Se dere omkring!
Takk, vi _ser oss omkring._
9. Spis!
Takk, jeg _spiser._
10. Ta det med ro!
Takk, vi _tar det med ro._

Oppgave: Imperativ

1. Må jeg legge meg klokka elleve?
Ja, _legg deg klokka elleve!_
2. Får vi sette oss nå?
Ja, _sett dere nå!_
3. Skal vi se oss omkring?
Ja, _se dere omkring!_
4. Må jeg vaske meg?
Ja, _vask deg!_
5. Får jeg reise meg?
Ja, _reis deg!_
6. Må jeg gå nå?
Ja, _gå nå!_

Oppgave: Å ha lyst på

Jeg vil ha et par smørbrød.   Jeg har lyst på et par smørbrød.
Hun vil ha et glass melk.   Hun har lyst på et glass melk.
Vil du ha noe å spise?   Har du lyst på noe å spise?
Hva slags smørbrød vil du ha?   Hva slags smørbrød har du lyst på?

Oppgave: Oversett til norsk:

1. He wants more food.   1. Han har lyst på mer mat.
                                    2. Han vil ha mer mat.
2. Does she want breakfast?   1. Har hun lyst på frokost?
                                    2. Vil hun ha frokost?

Oppgave: Å ha lyst til å

1. Han vil spise middag nå.   Han har lyst til å spise middag nå.
2. Hun vil ta båten ut til   Hun har lyst til å ta båten ut til
                   Bygdøy.   Bygdøy.
3. Vi vil gå videre.   Vi har lyst til å gå videre.
4. De vil komme en annen gang.   De har lyst til å komme en annen
                                                              gang.
5. Vil du begynne nå?   Har du lyst til å begynne nå?

Oppgave: Ha lyst på // Ha lyst til

1. Har du lyst _på_ mer å spise?
2. Hun har lyst _på_ noe å drikke.
3. Vi har lyst _til å_ se oss omkring i byen.
4. De har lyst _til å_ besøke slektningene sine.
5. Har dere lyst _på_ middag eller bare noen smørbrød?

Oppgave: Oversett til norsk:

1. Do you want cream and sugar? a) Vil du ha fløte og sukker?
                                 b) Har du lyst på fløte og sukker?
2. Do you want more coffee?   a) Vil du ha mer kaffe?
                                 b) Har du lyst på mer kaffe?
3. Do you want to sit down now? a) Vil du sette deg nå?
                                 b) Har du lyst til å sette deg nå?

Oversett til norsk: En...til

1. We need three more forks,   Vi trenger tre gafler til, men vi
   but we have enough spoons.   har nok skjeer.
2. Do you want one more cup   Vil du ha en kopp kaffe til? (Har
              of coffee?   du lyst på en kopp kaffe til?)
3. I don't want to see one   Jeg vil ikke se ett menneske til i
         more person today.   dag. (Jeg har ikke lyst til å se
                                   ett menneske til i dag.)
4. Could you please write one   Kunne du være så snill å skrive en
         more exercise?   oppgave til?
5. We're going to read one   Vi skal lese ei bok til.
         more book.

Oppgave: Alle // Alt

1. __Alle__ har vært så hyggelige mot meg.
2. __Alt__ var så dyrt!
3. __Alle__ i klassen kan snakke norsk nå.
4. __Alt__ jeg spiste i Norge var deilig.

Oppgave: All // Alt // Alle

1. Har du spist opp __all__ maten din?
2. Skal du gjøre __alt__ arbeidet?
3. __Alle__ sa at __alt__ var så dyrt at de måtte bruke __alle__ pengene
                                                              sine.
4. Jeg hadde lyst på __alt__ jeg så på spisekartet.
5. __Alt__ er så pent her. __Alle__ bygningene er så pene.
6. Jens-Petter liker __alle__ piker.
7. __Alle__ sier "Takk for maten" til vertinnen.
8. Mange tusen takk for __alt__ !

Oppgave: Modale hjelpeverb

1. Jeg spiser middag nå.   Jeg vil __spise middag nå.__
2. Han snakker norsk.   Han kan __snakke norsk.__
3. Vi skriver lange brev.   Vi må __skrive lange brev.__
4. De legger seg klokka 11.   De skal __legge seg klokka 11.__
5. Dere går ikke ennå.   Dere får ikke __gå ennå.__
6. Jeg spiste klokka 6 i går.   Jeg ville __spise klokka seks i går.__
7. Jeg så på noen pene bilder   Jeg måtte __se på noen pene bilder__
           i går.   __i går.__
8. Hun tok ikke mange bilder   Hun kunne ikke __ta mange bilder__
           i går.   __i går.__
9. Han sov ikke på golvet.   Han fikk ikke __sove på golvet.__
10. Jeg sa det til ham i går.   Jeg skulle __si det til ham i går.__
11. De kom på besøk til oss   De ville __komme på besøk til oss__
           i går.   __i går.__
12. Vi gikk ikke på ski i går.   Vi kunne ikke __gå på ski i går.__

Oppgave:

1. Dere begynner __å forstå__ mer og mer norsk.
2. Jeg måtte __bli__ hjemme i fjor.
3. Jeg kunne __ikke reise__ til Norge.
4. Jeg hadde lyst __til å reise__ .
5. Han ville __sove__ , men hun hadde lyst til __å vekke__ ham.
6. Jeg pleier __å ta__ mange bilder når jeg __er__ i utlandet.
7. I går __spiste jeg__ bare et par smørbrød __til__ middag.
8. Han __sier__ at han har __kommet__ for __å snakke__ med deg.
9. Har __du sagt__ noe til __ham__ om det?
10. Vi ville __spise__ ved sju-tiden, men han __kom__ ikke før åtte.
11. Dere får __legge dere__ nå.
12. I går __gikk alle__ turistene opp til toppen av Fløyen for
         __å spise__ middag. De __tok__ ikke Fløybanen.
13. __Vi måtte reise oss__ fra bordet for det __var__ så mange andre
                                                              gjester.
14. Vertinnen sa til oss: "Vær så god og __sett dere__ ."
15. __Tok__ dere mange bilder i Norge i fjor?

<u>Oppgave</u> (continued)

16. Jeg <u>leser</u> boka nå, men jeg vil la deg <u>lese</u> den seinere.
17. <u>Skinner</u> sola i dag?
18. <u>Hva er dette?</u> Jeg vet ikke. La meg <u>se</u>.
19. Hva <u>gjør</u> du nå?
20. Kunne du være så snill <u>å hjelpe</u> meg?

<u>Ekstra oppgave</u> (not in text). Oversett til norsk:

1. They wanted to order dinner, but they didn't see the waiter.
2. We have to do the dishes before we can go to the movies.
3. We had to begin the meal without them.
4. Can I get the bill now?
5. May I borrow some money from you?
6. After dinner I like to sit in the livingroom and take it easy.
7. We've eaten. Let's pay the bill now and go home.
8. Do you want to go to the movies afterwards? (Translate 'want to' two ways.)
9. Could you please come another time?
   Could you please come one more time?
10. Do you use cream and sugar in your coffee?
11. Do you want a couple more waffles? (Translate 'want' two ways.)
12. We wanted to visit all of our relatives while we were in the capital. (Translate 'wanted to' two ways.)
13. Everyone said that everything was very expensive.
14. He knows everything and she knows everyone.
15. Everyone had to help himself to the food at least three times.
16. Come here. Close the door. Sit down. Help yourself to the food.

<u>Translations</u>:

1. De ville bestille middag, men de så ikke kelneren.
2. Vi må vaske opp før vi kan gå på kino.
3. Vi måtte begynne måltidet uten dem.
4. Kan jeg få regningen nå?
5. Får jeg låne noen penger av deg?
6. Etter middag liker jeg å sitte i stua og ta det med ro.
7. Vi har spist. La oss betale regningen nå og gå hjem.
8. Vil du gå på kino etterpå? Har du lyst til å gå på kino etterpå?
9. Kunne du være så snill å komme en annen gang?
   Kunne du være så snill å komme en gang til?
10. Bruker du fløte og sukker i kaffen?
11. Vil du ha et par vafler til? Har du lyst på et par vafler til?
12. Vi ville gjerne besøke alle slektningene våre mens vi var i hovedstaden.
13. Alle sa at alt var svært dyrt.
14. Han vet alt og hun kjenner alle.
15. Alle måtte forsyne seg av maten minst tre ganger.
16. Kom hit. Lukk døra. Sett deg. Forsyn deg av maten.

Chapter 16

Oppgave: Oversett til norsk:

1. a large town _en stor by_   the large town _den store byen_
2. a good hotel _et godt hotell_   the good hotel _det gode hotellet_
3. expensive boats _dyre båter_   the expensive boats _de dyre båtene_
4. an interesting book _ei interessant bok_
                     the interesting book _den interessante boka_
5. a new umbrella _en ny paraply_ the new umbrella _den nye paraplyen_

Oppgave: Adjektiv

1. Vi hadde mange _vakre_ dager i Norge.
2. Jeg har en rød paraply og en _blå_ paraply. Jeg liker den _blå_
                                       paraplyen best.
3. De spiste _ferskt_ kjøtt på et _norsk_ skip.
4. Været er _vakkert_ i dag. Vi har lyst til å være ute i det
                                         vakre været.
5. Ser du de _blå_ husene der borte? Vi bor i et _blått_ hus.
6. Bergen er _et fantastisk_ sted å besøke! Har du besøkt den
                                    fantastiske byen?

Oppgave: Liten

1. Fløybanen er et _lite_ tog.
2. Vi tar det _lille_ toget opp til toppen av fjellet.
3. Vi har sett mange _små_ skip i kirkene i Norge.
4. De _små_ skipene skal være et symbol på menneskesjelen.
5. Vi ser en _liten_ bygning et stykke borte.
6. Den _lille_ bygningen er en _liten_ butikk.
7. Den _lille_ butikken har mange _små_ vinduer.
8. Det er mange andre _små_ butikker i den _lille_ gata.

Oppgave: Som

1. Vi bor i Oslo _som_ er hovedstaden i Norge.
2. Vi har tatt toget til Bergen _som_ ligger på vestkysten.
3. Det er en svært pen by _som_ har en lang og interessant historie.
4. Jeg kjenner turistene _som_ står der borte.
5. Der borte ser du fiskerne _som_ skal selge den ferske fisken.
6. Vi besøker Mariakirken _som_ er en steinkirke fra middelalderen.
7. Der borte ser du et tysk varehus _som_ er omtrent 600 år gammelt.
8. Fra taket henger et skip _som_ skal være et symbol på
                                       menneskesjelen.

Oppgave: Som // Hvem

1. Der borte står mannen _som_ har vært i Norge.
2. Er det noen her _som_ har tatt toget opp til Fløyen?
3. _Hvem_ har spist på Fløyen?
4. Jeg liker å snakke med folk _som_ kommer fra andre land.
5. Jeg vet ikke _hvem_ han er. _Hvem_ er han?

Oppgave: Som // Hvilken

1. __Hvilke__ filmer har du sett i år?
2. Er det en film __som__ er i byen nå?
3. Er det noen båter __som__ tar turister ut til Bygdøy?
4. __Hvilket__ land kommer du fra?
5. Rådhuset er en bygning __som__ er svært viktig.

Oppgave: Som // At // Det

1. __Det__ er mannen __som__ sa __at__ vi skulle gjøre __det__.
2. Jeg tror __at__ __det__ er museet __som__ er så kjent.
3. Vi vet __at__ de har lyst til å se fiskerne __som__ selger den
                                              deilige, ferske fisken.
4. Han sier __at__ __det__ betyr __at__ vi kan ta bilder av __det__.
5. Jeg tror __at__ han vil ta et bilde av bygningen __som__ står ved
                                              siden av hotellet.

Oppgave: Adjektiv

1. Den __tyske__ turisten der borte har kommet hit med et __tysk__ skip.
2. Været er ikke __pent__ i dag. Himmelen er __grå__ og vannet i
                                              fjorden er også __grått__.
3. Jeg liker ikke slike __grå__ dager, men det var __vakkert__ i går.
4. Hva er det __vakre__, __grå__ huset vi ser der borte?
5. Er vannet salt eller __ferskt__?

Oppgave: Ser...ut

1. De ser __trøtte__ ut.
2. Barnet ser __vakkert__ ut.
3. Han ser __rar__ ut.
4. Husene ser __gamle__ ut.
5. Barna ser __sultne__ ut.

Oppgave: Oversett til norsk:

1. You look hungry.   Du ser sulten ut. Dere ser sultne
                                                                      ut.
2. The books look very   Bøkene ser svært interessante ut.
       interesting.
3. The house looks old.   Huset ser gammelt ut.
4. Some of the colorful sea-   Noen av de fargerike sjødyrene ser
       animals look very strange.   svært rare ut.

Oppgave: Verb

1. Hva gjorde han?   Han __tok__ Fløybanen opp til Fløyen.
2. Hva har hun gjort?   Hun __har gått__ til byen.
3. Hva gjør du?   Jeg __spiser__ middag.
4. Hva gjorde de?   De __sa__, "Ha det bra," og __gikk__.
5. Hva liker dere å gjøre?   Vi __liker__ å ta det med ro.
6. Hva vil du gjøre nå?   Jeg vil __legge meg__ og __sove__.
7. Hva gjorde han på museet?   Han __stod__ og så på maleriene.
8. Hva har du gjort i dag?   Jeg __har sovet__ lenge.
9. Hva gjorde dere?   Vi __forstod__ ikke spørsmålet.
10. Hva pleier dere å gjøre   Vi pleier __å stå__ og __vente__.
       på universitetet?

Oppgave: Like, Like...som, Ikke så...som

1. Per er 6 år gammel. Kari   Kari er ikke så gammel som Per .
       er tre.
2. Olav er 8 og Stein er 8.   Olav er like gammel som Stein .
3. Olav er 8 og Stein er 8.   De er like gamle .
4. Svein er 190 cm høy, Knut   Knut er ikke så høy som Svein .
       er 180 cm høy.
5. Svein er 190 cm høy, Kåre   De er like høye .
       er 190 cm høy.
6. Knut er 180 cm høy, Harald   Harald er like høy som Knut .
       er 180 cm høy.

Oversett til norsk: Å se ut som

1. The trees over there look   Trærne der borte ser ut som
       like people.   mennesker.
2. The school looks like a   Skolen ser ut som en kirke.
       church.
3. The chairs look strong.   Stolene ser sterke ut.
4. The water looks very blue   Vannet ser svært blått ut i dag.
       today.
5. The children looked pretty   Barna så pene ut i går.
       yesterday.
6. We saw a building that   Vi så en bygning som så ut som
       looked like a museum.   et museum.

Oppgave: Adjektiv

1. Vi sitter og hører på den vakre musikken til Edvard Grieg.
2. Hvor er den gamle klokka di?
3. Har du sett det nye huset vårt?
4. Han har alltid den store hunden sin med seg.
5. Vi liker å få besøk av de små barna deres.

Oversett til norsk:

1. the beautiful music of   den vakre musikken til Edvard Grieg
       Edvard Grieg
2. our old house   det gamle huset vårt
3. their new car   den nye bilen deres
4. my pretty pictures   de pene bildene mine
5. your long interesting   de lange interessante brevene dine
       letters   de lange interessante brevene deres

Oppgave:

1. your interesting pictures   de interessante bildene dine (deres)
2. their pleasant parties   de hyggelige festene deres
3. Larsens little house   det lille huset til Larsen
4. his long letters   de lange brevene sine
5. our old house   det gamle huset vårt
6. my new umbrella   den nye paraplyen min
7. her beautiful song   den vakre sangen hennes
8. your new home (singular)   det nye hjemmet ditt
9. your new home (plural)   det nye hjemmet deres
10. his large cabin   den store hytta hans

Oppgave: Oversett til norsk:

1. Grieg wrote some of his compositions in the little cabin by the water.

   Grieg skrev noen av komposisjonene sine i den lille hytta ved vannet.

2. He wrote some of his best compositions down there.

   Han skrev noen av de beste komposisjonene sine der nede.

3. We came to "Festspillene" to hear Grieg's beautiful music.

   Vi kom til Festspillene for å høre den vakre musikken til Grieg.

4. One of his well-known compositions is called "Solveigs sang."

   En av de kjente komposisjonene hans heter "Solveigs sang."

5. I must visit my old relatives in Bergen.

   Jeg må besøke de gamle slektningene mine i Bergen.

6. She must visit her old relatives in Bergen.

   Hun må besøke de gamle slektningene sine i Bergen.

7. He believes that his old relatives live in Bergen.

   Han tror at de gamle slektningene hans bor i Bergen.

8. There are many people who come to "Festspillene" to see interesting plays.

   Det er mange mennesker som kommer til Festspillene for å se interessante skuespill.

9. Others come to hear the beautiful music.

   Andre kommer for å høre den vakre musikken.

10. It must be very interesting to be in Bergen in May and June.

    Det må være svært interessant å være i Bergen i mai og juni.

Chapter 17

Oppgave: Oversett til norsk:

1. Svein's family	familien til Svein	Sveins familie
2. our piano	pianoet vårt	vårt piano
3. their books	bøkene deres	deres bøker
4. your umbrella	paraplyen din (deres)	din paraply
5. his cabin	hytta hans	hans hytte
6. her stamps	frimerkene hennes	hennes frimerker
7. my office	kontoret mitt	mitt kontor
8. your money	pengene dine (deres)	dine penger
9. Jorunn's fork	gaffelen til Jorunn	Jorunns gaffel
10. your knife	kniven din (deres)	din kniv
11. their old house	det gamle huset deres	deres gamle hus
12. her interesting letters	de interessante brevene hennes	hennes interessante brev
13. my old umbrella	den gamle paraplyen min	min gamle paraply
14. your new mirror	det nye speilet ditt	ditt nye speil
15. our old furniture	de gamle møblene våre	våre gamle møbler

Oppgave: Tid // Gang // Time

1. Jeg stod opp tidlig i morges. Jeg har god _tid_ .
2. Har du noen _gang_ vært i Norge?
3. Jeg leste fra klokka 5 til klokka 9 i kveld. Jeg leste _fire_ _timer_ .
4. Hun gjør ikke noe annet enn å lese. Hun leser hele _tiden_ .
5. Hvor mange _ganger_ har du allerede sett filmen?

Oppgave: Om // I // For...siden:

1. Han kom hit _for tre dager siden_ .
2. Han har vært her _i_ tre dager.
3. Klokka er kvart på elleve. Timen slutter klokka ti på elleve. Timen slutter _om_ fem minutter.
4. Klokka er fem. Vi spiser klokka halv seks. Vi spiser _om en halv time_ .
5. Vi ser ham ikke ofte. Vi ser ham bare _av og til_ .
6. Bestemoren min kom til Amerika _for mange år siden_ .
7. Han kom for seint. Vi måtte sitte og vente på ham _i_ en halv time.
8. Snart skal jeg reise til Norge. Jeg skal reise _om_ sju dager.
9. Han var i Norge _for fem måneder siden_ .
10. Han var der _i fem uker_ .

Oppgave: I // På

1. Jeg har vært student _i_ tre år.
2. Jeg har ikke spist _på_ to dager. (Jeg er svært sulten!)
3. De hadde ikke sett ham _på_ ti år.
4. Vi stod og så på det _i_ to timer.
5. Hun har ikke vært på jobben _på_ en uke.
6. I fjor sommer var vi i Norge _i_ fem uker.
7. Han har ikke vært i Norge _på_ fem år.

<u>Oversett til norsk:</u>

1. He has been on the farm for   Han har vært på gården i seks
   six months.   måneder.
2. We have not visited him for   Vi har ikke besøkt ham på seks
   six months.   måneder.

<u>Oppgave:</u> Hvor mange er klokka?

1. 15.30   <u>Klokka er halv fire om ettermiddagen.</u>
2. 20.15   <u>Klokka er kvart over åtte om kvelden.</u>
3. 2.30   <u>Klokka er halv tre om natten (om morgenen).</u>
4. 9.30   <u>Klokka er halv ti om formiddagen (om morgenen).</u>
5. 21.45   <u>Klokka er kvart på ti om kvelden.</u>
6. 16.05   <u>Klokka er fem over fire om ettermiddagen.</u>
7. 3.10   <u>Klokka er ti over tre om natten (om morgenen).</u>
8. 10.50   <u>Klokka er ti på elleve om formiddagen.</u>

<u>Oppgave:</u>

1. Jeg pleier å gå i butikken <u>om formiddagen</u> .
2. Hva skal du gjøre <u>i formiddag</u> ?
3. Hva pleier du å gjøre <u>om kvelden</u> ?
4. Skal du være på møtet <u>i kveld</u> ?
5. Når pleier du å stå opp <u>om morgenen</u> ?
6. Når stod du opp <u>i morges</u> ?
7. Når skal du reise <u>i morgen</u> ?
8. Hva liker du å gjøre <u>om ettermiddagen</u> ?
9. Jeg pleier å ta det med ro <u>om ettermiddagen</u> .
10. Men jeg har en prøve i morgen, så jeg må lese ekstra mye
                                                              <u>i ettermiddag</u> .

<u>Oppgave:</u>

1. Det kan være varmt <u>om ettermiddagen</u> .
2. Jeg stod opp klokka seks <u>i morges</u> .
3. Tror du han kommer <u>i morgen tidlig</u> ?
4. Jeg har ikke sett ham <u>i ettermiddag</u> .
5. Jeg håper hun skal komme <u>i kveld</u> .
6. Hva gjorde du <u>i går ettermiddag</u> ?
7. Han kom ikke hjem før klokka tre <u>i natt</u> .
8. Hvor skal du sove <u>i natt</u> ?
9. Han snakker <u>hele tiden</u> .
10. Hun har vært borte <u>hele uken</u> .
11. Gikk dere på kino <u>i går kveld</u> ?
12. Hva skal du gjøre <u>i morgen ettermiddag</u> ?
13. Har barna sovet <u>hele natten</u> ?
14. Naboene våre har vært borte <u>hele måneden</u> .
15. Har du lyst til å gå til konserten <u>i morgen kveld</u> ?

Oppgave: All-alt-alle // Hele

1. Naboene våre har vært borte __hele__ måneden.
2. Barna sov __hele__ natten.
3. __Alle__ barna gikk __hele__ veien til butikken.
4. __Alle__ studentene har gjort __alt__ arbeidet sitt.
5. Han så på fjernsyn __hele__ kvelden.
6. Hun vil gjerne ligge i senga __hele__ dagen.
7. Skal du bo i Norge __hele__ året?
8. Er __alt__ arbeid godt for oss?

Øvelse: (Only the perfect tense is given here as it is the one re-
         quiring a change in word order in some cases)

1. Turistene har bestilt middag.
2. Vi har ofte reist til Norge.
3. De har ikke kjøpt huset.
4. Han har vist meg byen.
5. Noen av studentene har aldri lest leksene.
6. Turistene har begynt å se seg omkring i byen.
7. Jeg har forsynt meg av maten.
8. Hun har ofte fortalt interessante historier.
9. De har spurt om han har vært i Norge.
10. Vi har satt oss ved bordet.
11. Han har aldri betalt regningen.
12. Hun har ikke møtt ham.
13. Jeg har ikke glemt det.
14. Vi har kjent dem.
15. De har spilt hardingfela.

Oppgave: Imperfektum--perfektum

1. Gjestene kom.   Gjestene har kommet.
2. Verten tok dem i hånden og   Verten har tatt dem i hånden og
   presenterte dem for kona si.   presentert dem for kona si.
3. De hilste på henne og satte   De har hilst på henne og satt seg
   seg i stua.   i stua.
4. En av gjestene begynte å   En av gjestene har begynt å for-
   fortelle en interessant   telle en interessant historie.
   historie.
5. Vertinnen kom inn og sa: Vertinnen har kommet inn og sagt:
   "Vær så god."   "Vær så god."
6. Hun serverte middag.   Hun har servert middag.
7. Gjestene brukte lang tid   Gjestene har brukt lang tid på å
   på å spise den deilige   spise den deilige maten.
   maten.
8. De forsynte seg mange   De har forsynt seg mange ganger
   ganger og smakte på alt.   og smakt på alt.
9. De glemte ikke å si:"Takk   De har ikke glemt å si:"Takk for
   for maten" til vertinnen.   maten" til vertinnen.
10. Vertinnen svarte: "Vel   Vertinnen har svart: "Vel bekomme."
    bekomme."

Oppgave: Da // Når

1. Bestemoren min kom til Amerika _da_ hun var sytten år gammel.
2. Det hadde allerede begynt å bli lyst _da_ Rolf og Marit kom
                                                tilbake til brygga.
3. Hva vil du gjøre _når_ du kommer til Norge?
4. Jeg vet ikke _når_ de skal komme.
5. Hvordan var været i går _da_ du tok bildene?
6. Klokka var tolv _da_ de tente bålet.

Oppgave: Da // Så

1. Jeg spiste frokost, og _så_ skyndte jeg meg til skolen.
2. Det ble bedre vær om ettermiddagen. _Da_ skinte sola.
3. Hun var i Norge i fjor. _Da_ hadde hun det svært hyggelig.
4. Jeg stod opp, og _så_ spiste jeg frokost.
5. Vi samlet kvister, og _så_ tente vi bålet.
6. Vi var hjemme hos ham i går kveld. _Da_ fortalte han mye om
                                                        turen sin.
7. Vi gikk på kino i går kveld. Vi så filmen, og _så_ drakk vi
                                        en kopp kaffe sammen.
8. Vi gikk på kino i går kveld. _Da_ så vi en riktig god film.

Oversett til norsk:

1. The weather got better, so   Været ble bedre, så jeg ringte
   I called some friends.   til noen venner.
2. I saw that the weather was   Jeg så at været var bedre, og
   better, and then I called   så ringte jeg til noen venner.
   some friends.
3. I called some friends when   Jeg ringte til noen venner da
   I saw that the weather   jeg så at været var bedre.
   was better.
4. It's fun to be in Norway   Det er morsomt å være i Norge
   in the summer. Then the   om sommeren. Da er nettene
   nights are light.   lyse.
5. We can't visit them in the   Vi kan ikke besøke dem om mor-
   morning. They're at the   genen. De er på kontoret da.
   office then.
6. We were in Norway last   Vi var i Norge i fjor. Vi be-
   year. We visited all our   søkte alle slektningene våre da.
   relatives then.
7. We were in Oslo first, and   Vi var i Oslo først, og så
   then we traveled to Bergen.   reiste vi til Bergen.
8. They saw many interesting   De så mange interessante ting
   things when they were in   da de var i Bergen.
   Bergen.

Ekstra oppgave (not in text). Oversett til norsk:

1. It usually rains when I'm in Bergen.
2. I know that you have been here for two hours already, but
   you have to wait ten more minutes.
3. We've had a good time at his house many times.

Ekstra oppgave (continued)

4. Grandfather came to America thirty years ago, but he has never learned to speak English.
5. Kari watched T.V. now and then, but the programs were just as bad as they were at home.
6. Hurry! Erik is going to be here in an hour.
7. I ate a delicious meal at the new restaurant and then I walked home.
8. Get up! You can't sleep all day.
9. It was eight o'clock, so we had to hurry.
10. On Wednesday she usually wakes the children around seven o'clock.
11. They must be her books. My books are there on the table.
12. In the forenoon he usually goes skiing, but this morning he couldn't.
13. Did you sleep well last night? No, I slept badly.
14. Have they ever been in the capital?
15. She has been there, but only one time.
16. Did you know that she was going to tell the story?

Translations:

1. Det pleier å regne når jeg er i Bergen.
2. Jeg vet at du har vært her i to timer allerede, men du må vente ti minutter til.
3. Vi har hatt det hyggelig hos ham mange ganger.
4. Bestefar kom til Amerika for tretti år siden, men han har aldri lært å snakke engelsk.
5. Kari så på fjernsyn av og til (nå og da), men programmene var like dårlige som de var hjemme.
6. Skynd deg! Erik skal være her om en time.
7. Jeg spiste et deilig måltid på den nye restauranten og så gikk jeg hjem.
8. Stå opp! Du kan ikke sove hele dagen.
9. Klokka var åtte, så vi måtte skynde oss.
10. På onsdag pleier hun å vekke barna ved sju-tiden.
11. Det må være hennes bøker. Mine bøker er der på bordet.
12. Om formiddagen pleier han å gå på ski, men i morges kunne han ikke.
13. Sov du godt i natt? Nei, jeg sov dårlig.
14. Har de noen gang vært i hovedstaden?
15. Hun har vært der, men bare en gang.
16. Visste du at han skulle fortelle historien?

Chapter 18

Oppgave: Vekke // Våkne

    1. Når skal du _vekke_ barna?
    2. Barna pleier å _våkne_ seint om morgenen.
    3. Når _våknet_ du i morges?
    4. _Vekket_ du noen da du stod opp?
    5. Har de _vekket_ foreldrene sine ennå?

Oppgave: Pluskvamperfektum

    1. Alle _hadde spist_ da jeg _kom_ .
    2. Han _hadde banket_ på døra mange ganger før hun _åpnet_ den.
    3. Jeg _kunne se_ at de _hadde ventet_ lenge.
    4. Sola _skinte_ og vi _kunne feire_ midsommernatten ute som vi
                                        hadde håpet .
    5. Han _sa_ at bøkene _hadde kostet_ mange penger.
    6. De _våknet_ seint neste morgen. De _hadde danset_ til klokka
                                    to om natten.

Oppgave: Da // Så // -- Da // Når

    1. Reidar laget kaffe og _så vekket han_ kona si.
    2. Hun var trøtt _da_ fordi hun hadde arbeidet til seint om
                                   natten.
    3. Hun hadde arbeidet til klokka ett, _så hun var_ trøtt.
    4. Han skrev til klokka halv to. _Da åpnet han_ matpakken.
    5. _Da_ han var ferdig med oppgavene, gav han papirene til
                                   inspektøren.
    6. Han tenkte: "Jeg skal ha et glass øl _når_ jeg kommer hjem."

Oppgave: Verb

    1. Hvor lenge har du _bodd_ i Oslo?
    2. Mens vi var i Norge, _bodde_ vi på hotell.
    3. Jeg stod opp, _vasket meg_ og _kledde på meg_ .
    4. Han _trodde_ vi var nordmenn da han så oss.
    5. Jeg _visste_ ikke hva det _betydde_ .
    6. Nå vet jeg hva det _betyr_ .
    7. Hva _skjedde_ da han kom så seint?
    8. Det _ville jeg_ aldri ha _trodd_ .
    9. Ingen visste at det hadde _skjedd_ .
  10. De hadde allerede _kledd på seg_ og _spist_ da vi kom.

Oppgave: Verb

    1. Jeg _prøvde_ å ringe til deg mange ganger i går kveld.
    2. Morfar _levde_ fra 1835-1899.
    3. Jeg _pleide_ å ta trikken da vi bodde i Oslo.
    4. Hvem _eide_ huset før dere kjøpte det?
    5. Hvor lenge har dere _eid_ huset?

Oppgave: En svært hyggelig fest

Marit hadde _stått_ på kjøkkenet hele dagen og _laget_ mye deilig mat.
Rolf hadde _dekket_ bordet, og nå _ventet_ de på gjestene sine.
Gjestene _begynte å komme_ ved seks-tiden.

Rolf og Marit _tok_ dem i hånden og _ønsket_ dem velkommen da de _kom_.
Alle _kjente_ hverandre riktig godt, og de _visste_ at de ville _få_
det hyggelig -- det _gjorde_ de alltid når de _var_ sammen.

Etter en liten stund _sa_ Marit, "Vær så god," og alle _satte seg_ ved
bordet. De _forsynte seg_ av den deilige maten som Marit hadde _laget_,
og de _spiste_ og _drakk_ og _hadde_ det hyggelig.

Etter måltidet _gikk_ de inn i stua. De _pleide å sitte_ og _snakke_
lenge, og det _gjorde_ de da også. Men da klokka _ble_ tolv, måtte
gjestene _gå_.

Da gjestene hadde _gått_, _begynte_ Rolf _å vaske opp_, og Marit
prøvde å gjøre litt reint i leiligheten. De _arbeidet_ lenge. Til
slutt _gikk_ de inn i soveværelset, _kledde_ av seg og _sovnet_,
trøtte men glade. Det hadde _vært_ en svært hyggelig fest.

Oppgave: Bevegelsesverbet

      1. Han vil ut. Han ville til byen.
      2. Han _gikk_ ut. Han skulle til byen.
      3. Han _går_ på skolen.
      4. Skal dere på kino i kveld?
      5. Når skal du til universitetet i dag?
      6. De måtte hjem for en time siden.
      7. Vi skulle til Norge.
      8. Hver sommer _reiser_ de til Norge.
      9. Jeg kunne ikke _komme_ hjem før klokka ti.
     10. Nå må jeg hjem.

Oppgave: Å ha råd til

      1. _Har_ du _råd til_ det nye huset?
      2. De _har råd til å_ spise på restaurant.
      3. Hun _har råd til_ de nye klærne.
      4. Jeg _har_ ikke _råd til å_ kjøpe nye klær.

Ekstra oppgave: Oversett til norsk:

      1. Are you (plural) looking forward to traveling to Norway?
      2. Last year they didn't own the car.
      3. He went to the library and got some books.
      4. We got dressed, brushed our teeth, made breakfast, set the
         table, sat down and ate.
      5. What happened when you gave him the tickets?
      6. Have you tried to tell her about the apartment yet?
      7. Do you (plural) want to own your own travelbureau?
      8. Every semester he tried to learn French, but he never under-
         stood it.
      9. Can she afford to get her hair cut at the beauty salon every
         week?

Ekstra oppgave (continued)

10. He went to the new bookstore to buy some books and writing paper.
11. He also needed a little food so he went to the grocery store.
12. Are you (plural) going to go to Norway soon?
13. The child wanted to go home.
14. The examination was long and difficult.
15. We used to go to town when we wanted to have a good time.

Translations:

1. Gleder dere dere til å reise til Norge?
2. I fjor eide de ikke bilen.
3. Han gikk (drog) til biblioteket og hentet noen bøker.
4. Vi kledde på oss, pusset tennene, laget frokost, dekket bordet, satte oss og spiste.
5. Hva skjedde da du gav ham billettene?
6. Har du prøvd å fortelle henne om leiligheten ennå?
7. Vil dere eie deres eget reisebyrå? (Har dere lyst til å eie...).
8. Hvert semester prøvde han å lære fransk, men han forstod det aldri.
9. Har hun råd til å klippe håret hos frisøren hver uke?
10. Han gikk til den nye bokhandelen for å kjøpe noen bøker og skrivepapir.
11. Han trengte også litt mat så han gikk i kolonialen.
12. Skal dere til Norge snart?
13. Barnet ville hjem.
14. Eksamenen var lang og vanskelig.
15. Vi pleide å gå (dra) til byen når vi ville ha det hyggelig.

Chapter 19

Oppgave: Hvis // Om

   1. Hva skal vi gjøre _hvis_ det regner?
   2. Han visste ikke _om_ vi skulle komme.
   3. Vi kommer bare _hvis_ det blir pent vær.
   4. De skal komme _om_ været er pent eller ikke.
   5. Vil du snakke med far? Et øyeblikk, jeg skal se _om_ han
                                           er hjemme.
   6. Du kan snakke med ham _hvis_ han er hjemme.

Oppgave: Adverb og adjektiv

   1. Hun er en _pen_ pike.   adjektiv
   2. Hun spiser _pent_ .   adverb
   3. Vi svinger flagget vårt _høyt_ på 17. mai.   adverb
   4. Flagget var på toppen av en _høy_ bygning.   adjektiv
   5. Den _høye_ bygningen var i Oslo.   adjektiv
   6. De var _hyggelige_ mennesker.   adjektiv
   7. Vi hadde det _hyggelig_ hos dem.   adverb
   8. Jeg liker norsk mat svært _godt_ .   adverb
   9. Jeg liker meg svært _godt_ her i Norge.   adverb
  10. Han er et _lite_ barn.   adjektiv
  11. Han spiser så _lite_ .   adverb
  12. Det var _seint_ på natten.   adjektiv
  13. Han kom _seint_ hjem.   adverb
  14. Våkner du _tidlig_ om morgenen?   adverb
  15. Liker du å stå opp _tidlig_ lørdag morgen?   adverb
  16. Nei, jeg liker å stå opp _seint_ da.   adverb
  17. Har du sovet _godt_ ?   adverb
  18. Hvordan har du det i dag?
       Takk, jeg har det svært _godt_ .   adverb
  19. Ha det _hyggelig_ !   adverb
  20. Den _gode_ fisken smakte _godt_ .   adjektiv, adverb
  21. Den _varme_ sola skinte _varmt_ .   adjektiv, adverb
  22. Hvorfor sover du så _lite_ ?   adverb
  23. Hvor _godt_ kjenner du henne?   adverb
  24. Vi er svært _gode_ venner.   adjektiv

Oppgave: Lang // Langt // Lenge

   1. Hvor _lenge_ var du i Norge i fjor?
   2. Kartet over Norge er _langt_ .
   3. Vinteren varer _lenge_ i Norge.
   4. Det har vært en _lang_ og vanskelig dag.
   5. Vi har gått en _lang_ tur.
   6. Vi gikk _langt_ .
   7. Vi gikk _lenge_ .
   8. Har du lest den _lange_ boka ennå?
   9. Jeg skrev mange _lange_ brev i går.
  10. Det er _lenge_ siden jeg har skrevet til foreldrene mine.

Ekstra oppgave: Oversett til norsk:

   1. How long did his family live in Norway last year?
   2. We had a long telephone conversation. We talked a long time.

Ekstra oppgave (continued)

3. We can sit outside and drink coffee if the weather is good.
4. Do you know if the weather was nice (pretty) yesterday?
5. He is fond of his children and his wife.
6. Are you fond of traveling?
7. What do you usually do during the weekend?
8. Did you know that he came from France?
9. Have you known her long? Yes, she is a very good friend of mine.
10. Did you know that he is fond of her?
11. Thanks for the invitation. Don't mention it. (No cause.)
12. My apartment is on the 6th floor, but it has a balcony.
13. The sun shone warmly from the clear, blue sky.
14. He wrote me one of his long, interesting letters.
15. On Saturday he drove to town as usual.
16. It was a short trip, but they were away a long time.

Translations:

1. Hvor lenge bodde familien hans i Norge i fjor?
2. Vi hadde en lang telefonsamtale. Vi snakket lenge.
3. Vi kan sitte ute og drikke kaffe hvis været er godt.
4. Vet du om været var pent i går?
5. Han er glad i barna sine og kona si.
6. Er du glad i å reise?
7. Hva pleier du å gjøre i helgen?
8. Visste du at han kom fra Frankrike?
9. Har du kjent henne lenge? Ja, hun er en svært (meget) god venn av meg.
10. Visste du at han er glad i henne?
11. Takk for innbydelsen. Ingen årsak.
12. Leiligheten min er i sjette etasje, men den har en veranda.
13. Sola skinte varmt fra den klare, blå himmelen.
14. Han skrev meg ett av de lange, interessante brevene sine.
15. På lørdag kjørte han til byen som vanlig.
16. Det var en kort tur, men de var borte lenge.

Chapter 20

Oppgave: Ingen // Ikke noe

1. Ingen var hjemme da vi gikk.
2. Vi var sultne, men det var ikke noe i kjøleskapet.
3. Jeg så ikke noe jeg hadde lyst til å kjøpe.
4. Ingen kom på forelesningene.
5. Det var ikke noe jeg hadde råd til å kjøpe.

Oppgave: Ikke noe // Ingen

1. Det er ikke noe teppe på golvet i klasseværelset.
2. Det var ingen kolonial på universitetet.
3. Det var ikke noe reisebyrå i byen.
4. De hadde ingen penger med seg.
5. Norge er ikke noe stort land.
6. Jeg hadde ingen penn med meg.
7. Det er ikke noe kontor i bygningen.
8. Vi så ikke noe kart.

Oppgave: Påpekende pronomener: Oversett til norsk:

1. this soap	denne såpen
2. that grocery store	den kolonialen
3. those stores	de butikkene
4. this bakery	dette bakeriet
5. this jam	dette syltetøyet
6. those vegetables	de grønnsakene
7. these prices	disse prisene
8. that mountain	det fjellet
9. this university	dette universitetet
10. these carrots	disse gulrøttene

Oversett til norsk:

1. This tall mountain is in Bergen. — Dette høye fjellet er i Bergen.
2. That expensive room is not as pretty as this cheap room. — Det dyre værelset er ikke så pent som dette billige værelset.
3. His new car looks expensive. — Hans nye bil ser dyr ut. (Den nye bilen hans...)
4. The new teacher has come. — Den nye læreren har kommet.
5. I like this old chair best. — Jeg liker denne gamle stolen best.
6. He's my best friend. — Han er min beste venn. (...den beste vennen min.)
7. Let's buy the expensive soap. — La oss kjøpe den dyre såpen.
8. Did you buy the chairs? — Kjøpte du stolene?

Oppgave: Gradbøying

1. Denne osten er <u>dyrere</u> enn det syltetøyet.
2. Fjellene i Italia er <u>høyere</u> enn fjellene i Bergen.
3. Mange turister sier at været i Norge er <u>varmere</u> enn de
   trodde det ville være.
4. Det regner <u>mer</u> på Vestlandet enn på Østlandet.
5. Men Østlandet får <u>mer</u> snø enn Vestlandet, fordi det er
   <u>kaldere</u> der om vinteren.
6. De <u>høyeste</u> fjellene i Norge er i <u>Jotunheimen</u> på Vestlandet.
7. Norges <u>høyeste</u> fjell er Galdhøpiggen, som er 2,469 meter høy.
8. Oslo er en av de <u>dyreste</u> byene i verden.
9. Halldis vokser. Hun blir <u>høyere</u> for hver dag.
10. Det går ikke bra med mannen. Han blir bare <u>sykere</u> og
    <u>sykere</u>.

Oppgave: Flere // Mer

1. Det var <u>flere</u> mennesker der enn jeg trodde det ville være.
2. Har du lyst på <u>mer</u> melk?
3. Vil du ha <u>flere</u> vafler?
4. Han har lest <u>flere</u> bøker enn jeg.
5. Fikk du <u>mer</u> tannkrem?
6. Det er <u>flere</u> biler i Amerika enn i Norge, men jeg tror at
   nordmenn drikker <u>mer</u> kaffe.

Oppgave: Mest // Flest

1. Han har lest de <u>fleste</u> bøkene i biblioteket.
2. De <u>fleste</u> jeg kjenner liker å være her.
3. De <u>fleste</u> nordmenn leser avisen hver dag.
4. Hun har brukt <u>mest</u> av tannkremen.
5. Han har tatt de <u>fleste</u> av bildene.
6. Gjestene spiste det <u>meste</u> av kaka.

Oppgave:

1. Oslo er den <u>største</u> byen i Norge. Tønsberg er den <u>eldste</u>.
2. Bergen er <u>mindre</u> enn Oslo, men den er en <u>eldre</u> og
   <u>mer interessant</u> by enn Oslo.
3. Har du lyst til å gå på kino i kveld? Nei, jeg <u>vil heller</u>
   bli hjemme og lese. (Nei, <u>jeg har mer lyst til å...</u>)
4. Danmark er det <u>minste</u> landet i Norden.
5. Min <u>eldre</u> bror arbeider i en kolonial. (eldste)
6. Er du den <u>yngste</u> i din familie? Nei, jeg er den <u>eldste</u>.
7. Drammen ligger <u>nærmere</u> Oslo enn Bergen.
8. Den bygningen er <u>større</u> enn denne.
9. Den andre bygningen er <u>mer imponerende</u> enn denne.
10. Disse bøkene er <u>mer interessante</u> enn de andre.
11. Begge menn er gamle, men denne mannen er <u>eldre</u>.
12. Er broren din <u>yngre</u> eller <u>eldre</u> enn deg?

<u>Ekstra oppgave</u> (not in text). Oversett til norsk:

1. These sandwiches are delicious. I think I'll buy a couple
   more.
2. Those red buildings next to the hotel look very old.

Ekstra oppgave (continued)

3. He ate dinner at that new restaurant over there and then he went to a movie.
4. Is it more expensive to live in the country than in town?
5. He said that Norway was the most beautiful country he had seen.
6. The customer wanted to carry the vegetables out of the store.
7. Can I help you? I'm just looking, thanks.
8. We got a lot of letters last week.
9. Do you usually shop in that big store over there?
10. Are canned goods on special?
11. Let's buy the biggest head of cabbage we can find.
12. Are you fond of examinations? No way!
13. Do you want to buy my old car?
14. When are the stores open in the evening?
15. On Sunday they are closed.
16. He stayed home all day. He didn't have a job.
17. We couldn't find the new hotel. We didn't have a map.
18. Oslo is the largest city in Norway.
19. Bergen is smaller, but is a much older town.
20. There were more students there than I would have believed.

Translations:

1. Disse smørbrødene er deilige. Jeg tror jeg skal kjøpe et par til.
2. De røde bygningene ved siden av hotellet ser svært gamle ut.
3. Han spiste middag på den nye restauranten og så gikk han på kino.
4. Er det dyrere å bo på landet enn i byen?
5. Han sa at Norge var det vakreste landet han hadde sett.
6. Kunden ville bære grønnsakene ut av butikken.
7. Kan jeg hjelpe deg? Jeg bare titter, takk.
8. Vi fikk mange brev i forrige uke.
9. Pleier du å handle i den store butikken der borte?
10. Er hermetikk på tilbud?
11. La oss kjøpe det største kålhodet vi kan finne.
12. Er du glad i eksamener? Ikke tale om!
13. Vil du kjøpe den gamle bilen min?
14. Når er butikkene åpne om kvelden?
15. På søndag er de stengt.
16. Han ble hjemme hele dagen. Han hadde ingen jobb.
17. Vi kunne ikke finne det nye hotellet. Vi hadde ikke noe kart.
18. Oslo er den største byen i Norge.
19. Bergen er mindre, men det er en mye eldre by.
20. Det var flere studenter der enn jeg ville ha trodd.

Chapter 21

Oppgave: Lang // Lenge // Lang tid

1. Gudbrandsdalen er svært _lang_ .
2. Sognefjorden er den _lengste_ fjorden i Norge.
3. Det tar _lengre tid_ å reise med buss enn med tog.
4. Vi reiste _langt_ . Vi reiste _lenger_ på den turen enn jeg
                                   noen gang hadde reist før.
5. De har vært borte _lenger_ enn de hadde tenkt.
6. Hvor _lang tid_ tok det å bli ferdig med boka?
7. Hvor _lenge_ bodde dere i Norge?
8. Bodde dere i Norge _lenger_ denne gangen enn noen gang før?

Oppgave: Oversett til norsk: (Ones)

1. I like the expensive house   Jeg liker det dyre huset bedre
   better than the cheap one.   enn det billige.
2. I'd rather have that large   Jeg ville heller ha det store
   piece than this little one.   stykket enn dette lille.
3. This blue car is much   Denne blå bilen er mye penere
   prettier than the other one.   enn den andre.
4. This house is much larger   Dette huset er mye større enn
   than the one we bought.   det vi kjøpte.
5. These skiis are newer than   Disse skiene er nyere enn de
   the ones I had on yester-   jeg hadde på meg i går.
   day.
6. This chair is more expen-   Denne stolen er dyrere enn den
   sive than the green one   grønne der borte.
   over there.
7. Are you the youngest or the   Er du den yngste eller den eldste
   oldest one in your family?   i familien din?

Oppgave: De // Den // Deres

1. Hvilken størrelse bruker _De_ ?
2. Kan _De_ hjelpe meg?
3. Kan jeg hjelpe _Dem_ ?
4. Hva er _Deres_ størrelse?
5. Passet dette skjørtet _Dem_ ?
6. Jeg skulle gjerne snakke med _Dem_ .
7. Hva er telefonnummeret _Deres?_
8. Har _De_ noe legitimasjon?

Ekstra oppgave (not in text). Oversett til norsk:

1. They thought their children were at school.
2. Do you know the forgetful man who lost his baggage in the
   travel bureau?
3. What do you think about the clothes they're wearing today?
4. They're sitting in their livingroom and talking about their
   house.
5. Their house is in Oslo, and it is much prettier than the one
   they had last year.
6. Where did you get those shoes?
7. He doesn't know where his wife is.
8. She believed her husband was in Germany.

<u>Ekstra oppgave</u> (continued)

   9. Do you (formal) smoke?
10. I want to cash this traveler's check.
11. We have lost our passports.
12. This clock is the most expensive one we have.
13. It was much more fun to go to the movies than to stay at home.
14. Have you found your heavy baggage yet?
15. How did the shirt fit?
16. He hoped that his passport was lying on the desk.

<u>Translations:</u>

   1. De trodde barna deres var på skolen. (...deres barn...)
   2. Kjenner du den glemsomme mannen som mistet bagasjen sin på
      reisebyrået?
   3. Hva synes du om klærne de har på seg i dag?
   4. De sitter i stua si og snakker om huset sitt. (... sin stue
      ...sitt hus)
   5. Huset deres er i Oslo, og det er mye penere enn det de hadde
      i fjor. (Deres hus...)
   6. Hvor fikk du de skoene?
   7. Han vet ikke hvor hans kone er. (kona hans)
   8. Hun trodde hennes mann var i Tyskland. (mannen hennes)
   9. Røyker De?
10. Jeg vil gjerne veksle denne reisesjekken.
11. Vi har mistet passene våre.
12. Denne klokka er den dyreste vi har.
13. Det var mye morsommere å gå på kino enn å bli hjemme.
14. Har du funnet den tunge bagasjen din ennå?
15. Hvordan passet skjorta?
16. Han håpet at passet hans lå på skrivebordet.

Chapter 22

Hva heter det motsatte av:

lys	mørk	å sovne	å våkne
kald	varm	tidlig	seint
lang	kort	god tid	dårlig tid
lenge	kort tid	å komme tidsnok	å komme for seint
lite	stort, mye	åpen	stengt
tung	lett	å glemme	å huske
		lett	tung, vanskelig

Oppgave: Synes // Tro // Tenke

1. Jeg vet ikke, men jeg _tror_ det er dyrt å bo i Norge.
2. Jeg har vært i Norge mange ganger, og jeg _synes_ det er
                                                        vakkert der.
3. Hva _syntes_ om været i går?
4. Jeg _trodde_ han kom fra Norge.
5. Han _tenkte_ bare på henne.
6. Vi hadde det hyggelig. Vi _syntes_ det var en meget hyggelig
                                                        kveld.
7. Jeg har alltid _trodd_ det var kaldt i Norge om vinteren, men
                                        jeg har aldri vært der.
8. Jeg kjenner ham godt. Jeg har alltid _synes_ han var en snill
                                                        mann.

Oppgave: Oversett til norsk:

A short conversation:
En kort samtale:

A. What do you think of Aud?
   Hva synes du om Aud?
B. I think she's nice, but I haven't known her long.
   Jeg synes hun er hyggelig, men jeg har ikke kjent henne lenge.
A. Do you know if she can speak Norwegian?
   Vet du om hun kan snakke norsk?
B. Yes, I think she can. I think she lived in Norway last year.
   Ja, jeg tror hun kan (det). Jeg tror hun bodde i Norge i fjor.
A. Really? What did she think of Norway?
   Sier du det? Hva syntes hun om Norge?
B. I think she liked it there very much.
   Jeg tror hun likte seg der svært godt.
A. Are you thinking of a trip there soon?
   Tenker du på en tur dit snart?
B. I don't think about anything else!
   Jeg tenker ikke på noe annet!

Oversett til norsk: Infinitiv = "ing"

    1. He left without saying a
                word.   Han gikk uten å si et ord.
    2. Are you finished doing the
           dishes yet?   Er du ferdig med å vaske opp ennå?
    3. We're looking forward to
          seeing them again.   Vi gleder oss til å se dem igjen.
    4. She has always been fond
          of bicycling.   Hun har alltid vært glad i å sykle.

Oversett til norsk: Infinitiv

    1. He said that he heard
           them coming.   Han sa at han hørte dem komme.
    2. We saw them bicycling past. Vi så dem sykle forbi.
    3. Have you seen them dancing   Har dere sett dem danse på
        at the restaurant?   restauranten?
    4. No, but we heard the   Nei, men vi hørte spillemannen
       fiddler playing the   spille hardingfela.
       Hardanger Fiddle.

Ekstra oppgave (not in text). Oversett til norsk:

    1. In the fall it usually gets (becomes) dark around four o'clock.
    2. What do you think of the weather?
    3. Have you begun to think about spring yet?
    4. Now it is beginning to be quite light in the evening.
    5. I think that that large hotel is in Bergen.
    6. She thinks that her brother is a kind man.
    7. They think that their parents are in Oslo now.
    8. Do you think he's coming tomorrow morning, or should we wait
       for him this evening?
    9. I think I'll sit down here.
   10. I think that Grieg's music is beautiful.

Translations:

    1. Om høsten pleier det å bli mørkt ved fire-tiden.
    2. Hva synes du om været?
    3. Har du begynt å tenke på våren ennå?
    4. Nå begynner det å være nokså lyst om kvelden.
    5. Jeg tror at det store hotellet er i Bergen.
    6. Hun synes at broren hennes er en snill mann.
    7. De tror at foreldrene deres er i Oslo nå.
    8. Tror du han kommer i morgen tidlig, eller skulle vi vente på
       ham i kveld?
    9. Jeg tror jeg skal sette meg her.
   10. Jeg synes at musikken til Grieg er vakker.

Chapter 23

<u>Oppgave</u>:

Jeg tror at de <u>aldri</u> besøker slektningene sine.
Det er en film han <u>ikke</u> har sett.
De spiser <u>aldri</u> frokost klokka åtte.
Jeg tror han <u>aldri</u> har sett filmen.
Jeg tror de <u>aldri</u> spiser middag om sommeren.
Han sa han <u>ikke</u> kunne komme.
Hennes familie har <u>aldri</u> vært i Amerika.

<u>Oppgave</u>:

De besøker <u>ofte</u> Norge om sommeren.
Jeg tror at de <u>ofte</u> besøker Norge om sommeren.

Vi har <u>nettopp</u> kommet fra Sverige.
De sa at de <u>nettopp</u> hadde kommet fra Sverige.

Jeg vil <u>gjerne</u> ha et par av de kakene der.
Det er de kakene der jeg <u>gjerne</u> vil ha.

Han kan <u>bare</u> bli her en stund til.
Jeg tror at han <u>bare</u> kommer hit.

<u>Oppgave</u>:

Jeg visste at de <u>ofte</u> spiste middag i byen.
De kom <u>alltid</u> for seint.
Jeg likte ikke at de <u>alltid</u> kom for seint.
Jeg tror han <u>bare</u> vil ha en kopp te.
Jeg glemte <u>nesten</u> å kjøpe billettene.
Jeg tror vi <u>snart</u> kan gå.
Det er den beste filmen jeg <u>noen gang</u> har sett.
Han sa at han <u>vanligvis</u> kom seint.
Han kommer <u>vanligvis</u> seint.
Det er noe jeg <u>gjerne</u> vil ha.
Det vil jeg <u>gjerne</u> ha.

<u>Oppgave</u>: Oversett til norsk:

1. One can travel in many ways in Norway. / En kan reise på mange måter i Norge.
2. Do you like to travel by train? Yes, I think that's a good way to travel. / Liker du å reise med tog? Ja, jeg synes det er en god måte å reise på.
3. He said he didn't like to travel by boat. / Han sa han ikke likte å reise med båt.
4. That's a way I've never traveled. / Det er en måte jeg aldri har reist på.
5. She said that she had never tried to do it that way. / Hun sa at hun aldri hadde prøvd å gjøre det på den måten.
6. They say that this isn't a good way to do it. / De sier at dette ikke er noen god måte å gjøre det på.

<u>Oppgave:</u> Oversett til norsk:

    1. We ought to speak to him   Vi burde snakke med ham siden han
       since he doesn't know any   ikke kjenner noen av de andre.
       of the others.

    2. You ought not to drive so   Du bør ikke kjøre så fort her i
       fast here in town.   byen.

    3. They ought to know more   De burde vite mer om Norge.
       about Norway.

    4. You (plural) ought to eat   Dere burde spise en god frokost
       a good breakfast before   før dere går til skolen.
       you go to school.

<u>Oppgave:</u> På grunn av // Fordi

    1. Bergen har milde vintrer <u>fordi</u> Golfstrømmen går langs kysten.
    2. På mange steder er det ferjer istedenfor bruer. Det er <u>fordi</u>
       det ville være for vanskelig eller for dyrt å bygge ei <u>bru</u> der.
    3. <u>På grunn av</u> det dårlige været skal vi ikke til Lillehammer.
    4. <u>Vi kunne ikke</u> reise til Lillehammer <u>fordi</u> været var dårlig.
    5. Det er mildt i Bergen om vinteren <u>på grunn av</u> Golfstrømmen.
    6. <u>På grunn av</u> Golfstrømmen er det mildt i Bergen om vinteren.

<u>Oppgave:</u> Adverb

    1. Han er ikke her ennå, men han kommer <u>snart</u>.
    2. Jeg tror at han <u>snart</u> kommer.
    3. Fikk dere middag, eller fikk dere <u>bare</u> noen smørbrød?
    4. Han sa at han <u>bare</u> fikk noen smørbrød.
    5. Jeg håper de <u>ikke</u> reiser.
    6. Jeg kunne ikke reise for jeg hadde <u>ikke</u> nok penger.
    7. Der sitter gjestene som <u>nettopp</u> har kommet.
    8. Det er den filmen jeg <u>endelig</u> skal se.
    9. Han sa at han <u>dessverre</u> måtte reise snart.
   10. Hun er ofte borte om dagen, men hun er <u>vanligvis</u> hjemme om
                                         kvelden.
   11. Jeg tror at de <u>vanligvis</u> er borte om kvelden.
   12. Han var borte, og hun var <u>dessverre</u> også borte.
   13. Jeg håper at han <u>snart</u> kommer.
   14. Der borte står en mann jeg <u>gjerne</u> vil hilse på.
   15. Det er den beste filmen jeg <u>noen gang</u> har sett.
   16. Har du <u>noen gang</u> vært i Norge?

<u>Oppgave:</u>

    1. Jeg vet ikke hvorfor han <u>aldri</u> kom.
    2. Vi ventet på ham, men han <u>kom aldri</u>.
    3. Jeg visste ikke hvor han <u>ofte</u> gikk om kvelden.
    4. Han var sjelden hjemme, for han gikk <u>ofte</u> ut om kvelden.
    5. Vi forstod ikke hvordan han <u>alltid</u> kunne være så hyggelig.
    6. Vi vet aldri hva vi skal gjøre når han <u>ikke</u> kommer.
    7. Hva skal vi gjøre når vi <u>endelig</u> kommer til Oslo?
    8. Jeg vet ikke hvor han <u>ikke</u> har vært.

Ekstra oppgave (in the text).

1. Jeg vet ikke hvorfor de _ofte_ gjorde det.
2. Hva skal du gjøre hvis de _ikke_ kommer?
3. Jeg skal ikke lage middag siden han _bare_ vil ha te.
4. Vi skal ha en fest fordi han _snart_ reiser.
5. Siden de _alltid_ var borte, så vi dem nesten aldri.
6. Det har jeg lyst til å gjøre når jeg _endelig_ reiser til
Norge.
7. Vet du om han _gjerne_ spiser fisk?
8. De var de hyggeligste menneskene vi _noen gang_ har kjent.
9. Da jeg _ikke_ så ham, gikk jeg hjem.
10. De spurte om jeg _aldri_ var syk.
11. Vi lærte mye om Norge, selv om vi _bare_ var der i tre uker.
12. Han visste mye om Norge, selv om han _aldri_ hadde vært der.
13. Han er ikke her ennå, men vet du om han _snart_ kommer?
14. Vi skal reise til byen hvis det _ikke_ regner.
15. Alle likte ham fordi han _alltid_ var snill.
16. Siden hun _ikke_ visste at han _allerede_ hadde gått hjem,
ventet hun på ham på kontoret.

Oppgave: Slippe å

1. We got out of doing the   Vi slapp å vaske opp.
dishes.
2. Let me not have to see you   La meg slippe å se deg igjen.
again.

Oppgave: Å la

1. They didn't let us talk   De lot oss ikke snakke med hver-
with each other.   andre.
2. Have his parents let him   Har foreldrene hans latt ham
buy the new car?   kjøpe den nye bilen?
3. Let me go!   La meg gå!
4. Have they let the guests   Har de latt gjestene komme inn ennå?
come in yet?

Oppgave: Modale hjelpeverb

1. It's good to be able to   Det er godt å kunne snakke mange
speak many different   forskjellige språk.
languages.
2. If he had wanted to go with Hvis han hadde villet gå (være) med
us, we would have gladly   oss, ville vi gjerne ha tatt ham
taken him along.   med.
3. The students had to be able Studentene måtte kunne snakke og
to speak and write German.   skrive tysk.
4. They should be able to do   De skulle kunne gjøre det.
that.
5. He ought to be able to come Han burde kunne komme tidsnok.
on time.
6. The guests had to be able   Gjestene måtte kunne forstå reglene.
to understand the rules.
7. He didn't want to have to   Han ville ikke måtte miste fører-
lose his license.   kortet sitt. (sitt førerkort)

Oppgave: Modale hjelpeverb (continued)

8. They should have wanted to   De skulle ha villet gjøre det
              do it right.   riktig.
9. We have had to take the   Vi har måttet ta toget mange
       train many times.   ganger.
10. Have you been able to talk   Har du kunnet snakke med ham
       with him about it yet?   om det ennå?

Ekstra oppgave (not in text). Oversett til norsk:

1. Many of the students visited Denmark, but Svein didn't have
   permission to stay in Europe.
2. Some countries have strict laws concerning drunk-driving,
   but America does not have so many.
3. These trains are newer, but they don't go as fast as the
   other ones.
4. After two weeks in Norway, I have learned that the cars and
   gasoline are not as cheap here as they are in America.
5. He didn't think that that was a good way of doing it.
6. We had to stop often because Reidar wanted to take as many
   pictures as possible.
7. There you can see the tourist who never comes on time in the
   morning.
8. Many Norwegians like to travel by boat or train even though
   it takes longer.
9. The American passengers thought the trip was too expensive.
10. They wanted to stay at home because of the bad weather.
11. Many think that the narrow road from Voss to Ulvik goes
    through some of the most beautiful landscape in Norway.
12. Svein couldn't drive to the police station.
13. I don't like to have to do this.
14. They ought to be able to help us.
15. I've never been able to drive a car.

Translations:

1. Mange av studentene besøkte Danmark, men Svein hadde ikke lov
   til å bli i Europa.
2. Noen land har strenge lover om promillekjøring, men Amerika
   har ikke så mange.
3. Disse togene er nyere, men de går ikke så fort som de andre.
4. Etter to uker i Norge har jeg lært at bilene og bensin er
   ikke så billige her som de er i Amerika.
5. Han syntes ikke det var noen god måte å gjøre det på.
6. Vi måtte stoppe ofte fordi Reidar ville ta så mange bilder
   som mulig. (...hadde lyst til å ta...)
7. Der kan du se turisten som aldri kommer tidsnok om morgenen.
8. Mange nordmenn liker å reise med båt eller tog, selv om det
   tar lengre tid.
9. De amerikanske passasjerene syntes (at) turen var for dyr.
10. De ville bli hjemme på grunn av det dårlige været. (...hadde
    lyst til å bli...)
11. Mange synes at den smale veien fra Voss til Ulvik går gjennom
    noe av det vakreste landskapet i Norge.
12. Svein kunne ikke kjøre til politistasjonen.

Translations (continued)

13. Jeg liker ikke å måtte gjøre dette.
14. De burde kunne hjelpe oss.
15. Jeg har aldri kunnet kjøre (en) bil.

Chapter 24

Oppgave:

1. Jeg vet ikke hvorfor han _ikke_ gjorde det.   bisetning
2. Selv om jeg gjerne vil, kan jeg _aldri_ komme   hovedsetning
                              tidsnok til timen.
3. Hun er sikker på at jeg _ofte_ kommer seint.   bisetning
4. Hvis han _noen gang_ ble syk, vet jeg ikke   bisetning
                              hva jeg ville gjøre.
5. Når de besøkte oss, hadde vi det _alltid_   hovedsetning
                              hyggelig. .

Oversett til norsk:

Since we do not live in a welfare state, we don't get social insurance.
Siden vi ikke bor i en velferdsstat, får vi ikke folketrygd.

Oversett til norsk:

1. Have you brushed your teeth   Har du pusset tennene ennå?
                            yet?
2. The child got a stomach   Barnet fikk vondt i magen fordi
   ache because it ate too   det spiste for mye kake.
   much cake.
3. Her hair is very short.   Håret hennes er svært kort.
4. She had a headache so she   Hun hadde vondt i hodet så hun
   stayed home.   ble hjemme.

Oppgave:

1. Det er mange store og små _øyer_ i Oslofjorden.
2. Ansiktet har to _øyne_ , en nese og en munn.
3. Mange sier at nordmenn er født med ski på _beina_ .
4. Den mannen har ikke _hender_ ; han skriver med _føttene_ sine.
5. Jeg var nede på _knærne_ og vasket golvet da de kom.
6. _Foten_ har fem _tær_ . _Hånden_ har fem _fingrer_ .

Oppgave:

1. I'm sure they got married   Jeg er sikker på at de giftet seg
                    yesterday.   i går.
2. He's afraid we haven't   Han er redd for at vi ikke har
                    changed.   forandret oss.
3. The patient wondered why   Pasienten lurte på hvorfor legen
   the doctor hadn't visited   ikke hadde besøkt ham.
   him.
4. We were sure the doctor   Vi var sikre på at legen aldri
             would never come.   ville komme.
5. I'm afraid we can't afford   Jeg er redd for at vi ikke har råd
   to go to Norway this year.   til å reise til Norge i år.

<u>Ekstra oppgave</u> (not in text). Oversett til norsk:

1. Because Svein had terrible pains, the doctor had to come and examine him.
2. Norway takes good care of its inhabitants, but Norwegians like to complain about the high taxes.
3. After the operation Svein looked pale.
4. "Hold your breath," the doctor said.
5. When I finally get (come) to Norway, I'm going to visit the museums.
6. If I had a lot of money, I would travel to many different countries.
7. When I got up this morning, I was very hungry.
8. He is surely wondering why they didn't get engaged before they got married.
9. I'm sure you haven't changed much since last year.
10. Don't be afraid of this operation.
11. Are you (plural) sure that the ambulance isn't coming?
12. The doctor examined the patient, and then the patient swallowed the pills.

<u>Translations</u>:

1. Fordi Svein hadde forferdelige smerter, måtte legen komme og undersøke ham.
2. Norge tar godt vare på innbyggerne sine, men nordmenn liker å klage over de høye skattene.
3. Etter operasjonen så Svein blek ut.
4. "Hold pusten," sa legen.
5. Når jeg endelig kommer til Norge, skal jeg besøke museene.
6. Hvis jeg hadde mange penger, ville jeg reise til mange forskjellige land.
7. Da jeg stod opp i morges, var jeg svært sulten.
8. Han lurer sikkert på hvorfor de ikke forlovet seg før de giftet seg.
9. Jeg er sikker på at du ikke har forandret deg mye siden i fjor.
10. Vær ikke redd for denne operasjonen.
11. Er dere sikre på at sykebilen ikke kommer?
12. Legen undersøkte pasienten, og så svelgjet pasienten tablettene.

Chapter 25

<u>Oppgave: <u>Hvem</u> // <u>Hvem som</u>; <u>Hva</u> // <u>Hva som</u></u>

   1. <u>Hva</u> var det? (hvem)
   2. Så du <u>hva</u> det var? (hvem)
   3. Jeg vet ikke <u>hva</u> det var. (hvem)
   4. Ingen visste <u>hvem som</u> eide huset.
   5. <u>Hva</u> skjedde?
   6. Si meg <u>hva som</u> skjedde!
   7. Vet du <u>hva som</u> skjedde?
   8. Vet du <u>hva</u> de gjorde?
   9. Vet du <u>hvem som</u> eier huset?
  10. Ingen visste <u>hvem som</u> hadde besøkt oss.

<u>Oversett til norsk:</u>

  1. I don't know what is best.   Jeg vet ikke hva som er best.
  2. Do you know who is coming   Vet du hvem som kommer i kveld?
           this evening?
  3. Did you hear what he said?   Hørte du hva han sa?
  4. Did you know the man who   Kjente du mannen som eide huset?
        owned the house?
  5. Do you know who owns the   Vet du hvem som eier huset?
          house?
  6. Did you see who came?   Så du hvem som kom?
  7. What did he manage to do?   Hva greide han å gjøre?
  8. Did you see what happened?   Så du hva som skjedde?

<u>Oppgave: Passiv--aktiv</u>

  1. Passet til herr Johnson ble   En nordmann fant passet til herr
      funnet på golvet i reise-   Johnson på golvet i reisebyrået.
      byrået.
  2. Bilen til Svein har blitt   En politimann har vinket bilen
      vinket inn til veikanten.   til Svein inn til veikanten.
  3. Alt arbeidet skal bli gjort.   Studentene skal gjøre alt
                              arbeidet.
  4. Regningen har blitt betalt.   Kunden har betalt regningen.
  5. En ny, stor industri ble   Nordmenn utviklet en ny, stor
            utviklet.   industri.
  6. Enorme lån har blitt tatt   Nordmenn har tatt opp enorme lån
          opp i utlandet.   i utlandet.
  7. Pengene må bli betalt til-   De må betale pengene tilbake.
          bake.
  8. En ny plattform skal bli   Arbeiderne skal bygge en ny platt-
        bygget der snart.   form der snart.

<u>Oppgave: Oversett til engelsk</u>

  1. Klærne må vaskes nå.   The clothes must be washed now.
  2. Mat kan kjøpes i den   Food can be bought in that store
        butikken der borte.   over there.
  3. Filmen vises både i kveld   The film is being shown both this
        og i morgen kveld.   evening and tomorrow evening.

<u>Oppgave</u>: Oversett til engelsk (continued)

4. Billettene selges i alle   The tickets are being sold in all
         reisebyråer.   travel agencies.
5. Engelsk snakkes i mange   English is spoken in many countries.
         land.

<u>Oppgave</u>: Aktiv--passiv

1. De klipper hår der.   Hår klippes der.
2. De leser den boka hvert år.   Den boka leses hvert år.
3. Mange sier at nordmenn er   Det sies at nordmenn er født med
    født med ski på beina.   ski på beina.
4. De snakker engelsk i   Engelsk snakkes i butikken der
      butikken der borte.   borte.
5. De selger brukte biler i   Brukte biler selges i den forret-
     den forretningen.   ningen.
6. Vi skriver og sender mange   Mange brev skrives og sendes
     brev hvert år.   hvert år.

<u>Oppgave</u>: Passiv--aktiv

1. Middag lages av mor.   Mor lager middag.
2. Klærne vaskes av far.   Far vasker klærne.
3. Golvene må vaskes av barna.   Barna må vaske golvene.
4. Maten serveres av kelneren.   Kelneren serverer maten.
5. Kaffen kan drikkes nå.   Vi kan drikke kaffen nå.
6. Regningen skal betales nå.   Han skal betale regningen nå.
7. Hjemmeleksene gjøres om   Studentene gjør hjemmeleksene om
         kvelden.   kvelden.

<u>Oppgave</u>: Å være // Å bli

1. Dette <u>ble</u> snakket om i fjor.
2. Han <u>er</u> ikke ofte her. (var)
3. Dette bildet <u>ble</u> tatt av min far i går.
4. Norge <u>blir</u> rikere og rikere.
5. Alt arbeidet har allerede <u>blitt</u> gjort.
6. Det <u>er</u> ennå lite forurensning i Norge.
7. Men <u>det blir</u> stadig mer forurensning der.
8. Folk <u>er</u> veldig opptatt av miljøvernspørmål nå.
9. Gerhardsen <u>ble</u> statsminister i 1945.
10. Han <u>var</u> statsminister i mange år.
11. Hun kunne ikke <u>være</u> her i dag.
12. Vi har <u>vært</u> der mange ganger før.

<u>Ekstra oppgaver med passiv</u> (in the text).

1. Norge har blitt et rikere land på grunn av oljen.   <u>aktiv</u>
2. Mange spørsmål måtte bli stilt av ekspertene.   <u>passiv</u>
3. Kysten og strendene kan ødelegges av oljen.   <u>passiv</u>
4. Oljen kan skade dyrelivet og fuglelivet.   <u>aktiv</u>
5. Oljen var en velkommen redning for landet.   <u>aktiv</u>
6. Oljeplattformer ble bygget istedenfor skip.   <u>passiv</u>
7. Norske sjømenn ble "off-shore" arbeidere.   <u>aktiv</u>
8. Einar Gerhardsen betraktes av mange som Norges   <u>passiv</u>
    største statsmann i det 20. århundre.

Ekstra oppgaver med passiv (continued)

   9. Det blir stadig mer forurensning i Norge.   aktiv
10. Norge ble medlem av NATO i 1949.   aktiv
11. Spørsmålet om norsk medlemskap i NATO bringes opp   passiv
                                ved hvert valg.

12. Norge er ikke medlem av EF.   aktiv

Oppgave: Passiv med bli

1. Mange nordmenn kritiserer Norges politikk.

   Norges politikk blir kritisert av mange.

2. EF-striden delte Norges Venstre-parti i to.

   Norges Venstre-parti ble delt i to av EF-striden.

3. Nordmenn valgte stortings-representanter i 1977.

   Stortingsrepresentanter ble valgt i 1977.

4. For noen år siden dannet nordmenn et miljøvern-departement.

   For noen år siden ble et miljøverndepartement dannet.

5. Nordmenn investerte mange penger i utviklingen av oljeindustrien.

   Mange penger ble investert i utviklingen av oljeindustrien.

Oppgave: Passiv med -s

1. Mange nordmenn er redd for at oljen vil skade de store fiskebankene i Nordsjøen.

   Mange nordmenn er redd for at de store fiskebankene i Nordsjøen vil skades av oljen.

2. Nordmenn velger stortings-representanter hvert fjerde år.

   Stortingsrepresentanter velges hvert fjerde år.

3. Vi mister uerstattelige verdier hvis flere fosser forsvinner.

   Uerstattelige verdier mistes hvis flere fosser forsvinner.

4. Mange sier at Norge bruker for mange penger på olje-industrien.

   Det sies at for mange penger brukes på oljeindustrien.

5. Den norske stat kontrollerer det meste av norsk olje-industri.

   Det meste av norsk oljeindustri kontrolleres av den norske stat.

Oppgave: Passiv--aktiv

1. Utblåsningen ble stoppet av olje-ekspertene.

   Olje-ekspertene stoppet utblås-ningen.

2. Olje-industrien begynte å bli sett på med mer skepsis av de fleste nordmenn.

   De fleste nordmenn begynte å se på olje-industrien med mer skepsis.

3. Mange spørsmål om olje-industriens forurensning har blitt stilt av miljøvern-gruppene.

   Miljøvern-gruppene har stilt mange spørsmål om olje-industriens for-urensning.

Oppgave: Passiv--aktiv (continued)

4. Det har heldigvis ikke
blitt funnet noen store
skadevirkninger etter
utblåsningen.

Man har heldigvis ikke funnet noen
store skadevirkninger etter ut-
blåsningen.

5. Oljeplattformene blir
bygget av arbeiderne.

Arbeiderne bygger oljeplattformene.

Oppgave: Oversett til norsk

1. These pictures were taken
last year.

Disse bildene ble tatt i fjor.

2. A new house is being built
over there.

Et nytt hus blir bygget der borte.

3. The patient has been
examined by the doctor.

Pasienten har blitt undersøkt av
legen.

4. Norwegians began to build
oil platforms instead of
ships.

Nordmenn begynte å bygge olje-
plattformer istedenfor skip.

5. Those cars are going to be
driven by Norwegians.

De bilene skal kjøres av nordmenn.
(De bilene skal bli kjørt av nord-
menn.)

6. An environmental protection
agency has now been formed
in Norway.

Et miljøverndepartement har nå
blitt dannet i Norge.

7. The oil industry is often
criticized.

Olje-industrien kritiseres ofte.
(Olje-industrien blir ofte
kritisert.)

8. The second World War will
never be forgotten.

Den annen verdenskrig skal aldri
glemmes. (...skal aldri bli glemt.)

9. The prime minister is
chosen by the people.

Statsministeren velges av folket.
(Statsministeren blir valgt av
folket.)

10. I don't know what can be
done about it.

Jeg vet ikke hva som kan gjøres med
det. (Jeg vet ikke hva som kan
bli gjort...)

11. Norway is becoming a rich
land because of the oil.

Norge blir et rikt land på grunn av
oljen.

12. The taxes are high in
Norway.

Skattene er høye i Norge.

13. They must be paid every
year.

De må betales hvert år. (De må
bli betalt hvert år.)

14. The high taxes are often
complained about.

De høye skattene klages ofte over.
(De høye skattene blir ofte klaget
over.)

15. Some Norwegians are con-
servative, others are
liberal.

Noen nordmenn er konservative, andre
er liberale.

Chapter 26

Oppgave: X vil at Y skal

1. My relatives want me to visit them in Norway.
   Slektningene mine vil at jeg skal besøke dem i Norge.
2. His grandmother wants him to learn Norwegian.
   Bestemoren hans vil at han skal lære norsk.
3. They want us to take the boat to Bygdøy.
   De vil at vi skal ta båten ut til Bygdøy.
4. He wanted me to close the window.
   Han ville at jeg skulle lukke vinduet.
5. I wanted them to find us a good hotel.
   Jeg ville at de skulle finne oss et godt hotell.
6. She wanted him to find her passport.
   Hun ville at han skulle finne passet hennes.

Oppgave: Utelatelse av hvis

1. Blir han syk igjen, kan vi ikke gå på kino i kveld.
   Hvis han blir syk igjen, kan vi ikke gå på kino i kveld.
2. Regner det ikke i morgen, skal vi gå på tur.
   Hvis det ikke regner i morgen, skal vi gå på tur.
3. Kommer hun ikke, kan vi ikke spille.
   Hvis hun ikke kommer, kan vi ikke spille.

Oppgave: Uten hvis

1. Hvis det er noe du ikke forstår, kan du bare spørre meg.
   Er det noe du ikke forstår, kan du bare spørre meg.
2. Hvis han ikke kommer snart, skal vi gå uten ham.
   Kommer han ikke snart, skal vi gå uten ham.
3. Hvis det ikke snør, kan vi ikke gå på ski.
   Snør det ikke, kan vi ikke gå på ski.

Oppgave: Enig med // Enig i // Enige om

1. Jorunn og Jens-Petter var _enige om_ dagen de skulle gifte seg.
2. Jorunn var _enig med_ Jens-Petter _i_ at de skulle kjøpe leiligheten.
3. Alle er _enige om_ at det er den beste forretningen i byen.
4. Svein var _enig med_ Jorunn _i_ at de skulle ha en fest.
5. Er du _enig med_ meg _i_ det?
6. Jorunn ville beholde sitt eget etternavn, og Jens-Petter var _enig i_ det.

Oversett til norsk:

1. They decided to get married.
   De bestemte seg for å gifte seg.
2. We agree that it is expensive to buy an apartment in Norway.
   Vi er enige om at det er dyrt å kjøpe en leilighet i Norge.
3. Have you decided to go to Norway?
   Har du bestemt deg for å reise til Norge? (Har dere bestemt dere for å...)

Oversett til norsk (continued)

4. I agree with you that it would be fun to go to Norway.

    Jeg er enig med deg (dere) i at det ville være morsomt å reise til Norge.

5. I'm just afraid that I don't have enough money now.

    Jeg er bare redd for at jeg ikke har nok penger nå.

Oppgave: Å stille // Å be // Å spørre

1. Læreren _spør_ klassen: "Har dere noe å _spørre_ om?"
   (_spurte_)
2. Jeg har _bedt_ noen gjester til kaffe.
3. Hun _spurte_ om jeg også kunne komme.
4. Studentene _stiller_ mange spørsmål. (stilte)
5. Har du _spurt_ ham om det ennå?
6. Har han noen gang _bedt_ henne ut?
7. Jeg _bad_ henne _om å_ sy en kjole til meg.
8. Det er noe jeg aldri har blitt _bedt_ om å gjøre før.

Oversett til norsk:

1. Ask him to come in.

    Be ham komme inn.

2. Ask him if he wants to come in.

    Spør ham om han vil komme inn.

3. Ask him to make dinner.

    Be ham (om å) lage middag.

4. Ask him many questions.

    Still ham mange spørsmål.

5. Ask him why he did that.

    Spør ham om hvorfor han gjorde det.

Oppgave: Indirekte tale

1. "Jens-Petter er kjekk i kjole og hvitt," sa hun.

    Hun sa at Jens-Petter var kjekk i kjole og hvitt.

2. "Det er to viktige grunner til at et ungt par gifter seg," sa Svein.

    Svein sa at det var to viktige grunner til at et ungt par giftet seg.

3. "Han har en god stilling," sa hun.

    Hun sa at han hadde en god stilling.

4. "Grønt kler henne veldig godt," sa Jorunn.

    Jorunn sa at grønt kledde henne veldig godt.

5. "Sannheten skal fram," sa Svein.

    Svein sa at sannheten skulle fram.

6. "Jeg vil vite alt om dette," sa hun.

    Hun sa at hun ville vite alt om dette (det).

7. "Vi skal reise til Norge i sommer," sa de.

    De sa at de skulle reise til Norge om sommeren.

8. "Skal dere reise til Norge snart?" spurte han.

    Han spurte dem om de snart skulle reise til Norge.

9. "Når skal dere gifte dere?" spurte han.

    Han spurte dem om når de skulle gifte seg.

10. "Jeg orker ikke å holde en tale til," sa Svein.

    Svein sa at han ikke orket å holde en tale til.

11. "Vi har nettopp forlovet oss," sa Jens-Petter og Jorunn.

    Jens-Petter og Jorunn sa at de nettopp hadde forlovet seg.

Oppgave: Indirekte tale (continued)

12. Hvorfor har min kone ikke   Mannen spurte om hvorfor hans kone
    kommet?" spurte mannen.   ikke hadde kommet.
13. "Jeg kommer aldri til å   Svein sa at han aldri kom til å
    gifte meg," sa Svein.   gifte seg.
14. "Du har ikke forandret   Jorunn sa til Svein at han ikke
    deg," sa Jorunn til Svein.   hadde forandret seg.

Oppgave: Kommer til å

1. I'll never forget you.   Jeg kommer aldri til å glemme deg.
2. Will you be traveling to   Kommer du til å reise til Norge i
   Norway this summer?   sommer?
3. Will we ever see her again?   Kommer vi noen gang til å se henne
                                               igjen?
4. We'll think about this trip   Vi kommer ofte til å tenke på denne
   often.   turen.
5. I won't forget this day.   Jeg kommer ikke til å glemme denne
                                               dagen.

Oppgave:

1. Hva leser du?   Hva sitter du og leser?
2. Han ser i taket.   Han ligger og ser i taket.
3. Vi så oss omkring.   Vi gikk og så oss omkring.
4. Han har tenkt på det hele   Han har sittet og tenkt på det hele
   dagen.   dagen.
5. Har du ventet lenge?   Har du stått og ventet lenge?
6. Hun så på bildet.   Hun lå og så på bildet.
7. Vi snakket lenge.   Vi stod og snakket lenge.
8. Han har hilst på alle han   Han har gått og hilst på alle han
   har sett i dag.   har sett i dag.
9. Hun leste på senga.   Hun lå og leste på senga.
10. Arbeidet du hele dagen?   Satt du og arbeidet hele dagen?

Oppgave: Holde på med

1. Vi snakker norsk nå.   Vi holder på med å snakke norsk nå.
2. De vasket bilen sin da   De holdt på med å vaske bilen sin
   telefonen ringte.   da telefonen ringte.
3. Han har lest brevet.   Han har holdt på med å lese brevet.
4. Hun spiser frokost.   Hun holder på med å spise frokost.
5. Læreren skrev på tavla.   Læreren holdt på med å skrive på
                                               tavla.
6. Vi bygger et nytt hus.   Vi holder på med å bygge et nytt hus.

Oversett til norsk:

1. What are you doing?   Hva holder du på med å gjøre?
2. What have you been doing   Hva har du holdt på med å gjøre
   all afternoon?   hele ettermiddagen?
3. I'm reading that book now.   Jeg holder på med å lese den boka
                                               nå.
4. What were they doing when   Hva holdt de på med å gjøre da du
   you came home?   kom hjem?

Oversett til norsk (continued)

5. We were eating breakfast
   when the telephone rang.
6. She has been making dinner
   all afternoon.
7. I've been writing that
   letter for a long time.
8. Are you telephoning all
   your relatives?

Vi holdt på med å spise frokost
   da telefonen ringte.
Hun har holdt på med å lage middag
   hele ettermiddagen.
Jeg har holdt på med å skrive det
   brevet lenge.
Holder du på med å ringe til alle
   slektningene dine?

Ekstra oppgave (not in text). Oversett til norsk:

1. They asked us to decide quickly.
2. He asked me why I hadn't decided to get married before now.
3. She has never agreed with her parents about that.
4. We have always agreed that it is more pleasant to live in the country than in town.
5. What have you (plural) decided to do about the wedding?
6. He wants her to sew all his clothes.
7. If she can't promise him that, he doesn't want to marry her.
8. The parents waited for their daughter to tell them that she had gotten engaged.
9. We want you to give a speech for the bridal couple.
10. I'll never understand why he didn't ask her out.

Translations:

1. De bad oss om å bestemme oss fort.
2. Han spurte meg om hvorfor jeg ikke hadde bestemt meg for å gifte meg før nå.
3. Hun har aldri vært enig med foreldrene sine i det.
4. Vi har alltid vært enige om at det er hyggeligere å bo på landet enn i byen.
5. Hva har dere bestemt dere for å gjøre med bryllupet?
6. Han vil at hun skal sy alle klærne hans.
7. Hvis hun ikke kan love ham det, vil han ikke gifte seg med henne. (Kan hun ikke love ham det, vil han ikke gifte seg med henne.)
8. Foreldrene ventet på at datteren deres ville fortelle dem at hun hadde forlovet seg.
9. Vi vil at du skal holde en tale for brudeparet.
10. Jeg kommer aldri til å forstå hvorfor han ikke bad henne ut.

Chapter 27

Oppgave: Flink til å

1. Some of the students were   Noen av studentene var svært
   very good at speaking   flinke til å snakke norsk.
   Norwegian.
2. Are you good at swimming?   Er du flink til å svømme?
3. He has always been good at   Han har alltid vært flink til å
   making speeches.   holde taler.
4. Olav was good at skiing.   Olav var flink til å gå på ski.

Oppgave: Å få // Å komme // Å bli

1. When did you get home yes-   Når kom du hjem i går?
   terday?
2. Did you get a good grade   Fikk du en god karakter på prøven?
   on the test?
3. He says he is getting old.   Han sier han blir gammel.
4. Has Svein gotten better yet? Har Svein blitt bedre ennå?
5. When do we get to Oslo?   Når kommer vi til Oslo?

SAMPLE EXAMINATIONS

Prøve (1.-3. kapittel)

Jeg heter _____

I. <u>Muntlig</u> (Oral):

   A. <u>Skriv det du hører på norsk.</u>(Write the long vowel you hear.)

      1. E   4. O

      2. I   5. Å

      3. Y   6. Æ

   B. <u>Write the word you hear.</u>

      1. lærer   3. engelsk

      2. likeså   4. arbeider

   C. <u>Write the word you hear spelled.</u>

      1. m-å-l-t-i-d   4. s-p-ø-r-s-m-å-l

      2. v-æ-r-e-l-s-e   5. k-o-p-p

      3. s-t-y-k-k-e   6. u-t-e-n-a-t

   D. <u>Write the question you hear and answer it in Norwegian.</u>

      1. Hva heter du?

      2. Hvor er du fra?

      3. Snakker du norsk?

      4. Arbeider du på et kontor?

      5. Forstår du norsk?

II. <u>Skriftlig</u> (Written)

   A. <u>Hva sier vi på norsk?</u> (What is the appropriate thing to say in the following situations?)

      1. Telling someone you don't understand something.

         <u>Unnskyld, jeg forstår ikke.</u>

2. Asking someone to repeat something

    _Kunne du si det en gang til?_____

3. Greeting someone, asking how he is

    _God dag. Hvordan har du det?_____

4. Leaving someone with whom you have spent the day

    Takk for i dag. (Takk for nå.) (Ha det bra.)

5. Showing that you reciprocate someone's good wishes
    (Same to you)
                  _Likeså._____

B. Sett inn den riktige formen av 'å være':

    1. Hvor __var__ du i går? (_i går_ = yesterday)

    2. Han liker _å være_____ i Norge.

    3. Hansen _er____ lærer nå.

    4. Han _har__ ikke _vært__ i Amerika.

C. Make the following sentences negative:

    1. Han forstår norsk.   _Han forstår ikke norsk.____

    2. Han liker å være lærer.   _Han liker ikke å være lærer._

    3. Vi har vært her før.   _Vi har ikke vært her før.__

    4. Jeg studerer engelsk.   _Jeg studerer ikke engelsk._

D. Give the question that resulted in the given answer:

    1. Use interrogatives:

        _Hva studerer du_____?   Jeg studerer kjemi.

        _Hvor gammel er han_____?   Han er atten år gammel.

        _Hvordan har du det_____?   Bare bra, takk.

        _Hvor er hun fra_____?   Hun er fra California.

2. Do not use interrogatives:

__Har du vært her før__ ? **Nei**, jeg har ikke vært her før.

__Liker du å være her__ ? Ja, jeg liker å være her.

__Arbeider du på en fabrikk__ ? Nei, jeg arbeider ikke på en fabrikk.

__Sover han__ ? Ja, han sover.

E. __Vi teller:__ (Write the numbers in Norwegian.)

1	en	9	ni	17	sytten
2	to	10	ti	18	atten
3	tre	11	elleve	19	nitten
4	fire	12	tolv	20	tjue
5	fem	13	tretten	42	førtito
6	seks	14	fjorten	74	syttifire
7	sju	15	femten	89	åttini
8	åtte	16	seksten	37	trettisju

F. __Spørsmål__ (Answer in Norwegian in complete sentences.)

1. Hvor gammel er du? _____

2. Er du elev? _____

3. Har du en jobb? _____

4. Har du vært i Norge? _____

5. Hva studerer du? _____

G. __O__versett til norsk:

1. My family has not been in Norway.
   __Familien min har ikke vært i Norge.__

2. She was a teacher before, but she is a student now.
   __Hun var lærer før, men hun er student nå.__

3. He studies history, biology and chemistry.
   __Han studerer historie, biologi og kjemi.__

4. He understands English, but she speaks Norwegian.
   Han forstår engelsk, men hun snakker norsk.

5. Is your family from Norway?
   Er familien din fra Norge?

H. Spørsmål. (Answer the following questions according to your
             own situation. Use complete sentences.)

   1. Er du ikke på skolen i dag? _____

   2. Snakker du engelsk? _____

   3. Er du ikke fra England? _____

   4. Heter du Linda? _____

   5. Skriver du ikke norsk nå? _____

2. prøve (4.-5. kapittel)

Jeg heter _____

I. Muntlig

A. Diktat. Skriv det du hører på norsk:

God dag. Jeg heter Kari. Jeg er tjue år gammel og er student her på Luther.[1] Jeg studerer engelsk, historie, biologi og kjemi. Jeg kommer fra Washington, men jeg liker å være her i Iowa.[1] Familien min kommer ikke fra Norge, men jeg snakker og forstår litt norsk fordi[2] jeg har hatt norsk her ved universitetet, og jeg har også vært i Norge -- men bare en gang. Det er alt for nå. Ha det bra.

B. Spørsmål. Skriv det du hører på norsk og svar på spørsmålet:[3]

1. Er kari elev? _____

2. Hvor gammel er hun? _____

3. Hvor kommer hun fra? _____

4. Hvor liker hun å være? _____

5. Har hun vært i Norge? _____

6. Hvor mange ganger har hun vært i Norge? _____

7. Hvorfor[2] snakker hun norsk? _____

8. Har du vært i Norge? _____

---

[1] Replace with names appropriate to your own situation.

[2] Spell the word (in Norwegian) and define.

[3] Alternatively the diktat could be given as a reading passage (lesestykke) and the questions either dictated and answered in Norwegian or printed and answered in English to test comprehension.

C. Hva heter det på norsk?[1] (Be sure to indicate whether it is an en, ei or et word.)

1. (Chair) __en stol__
2. (Eraser) __et viskelær__
3. (Ceiling) __et tak__
4. (Floor) __et golv__
5. (Ruler) __en linjal__
6. (Chalk) __et kritt__
7. (Blackboard) __ei tavle__
8. (Desk) __et skrivebord__
9. (Student-desk)__en pult__
10. (Newspaper) __en avis__

D. Skriv spørsmålet du hører og svar på det på norsk:

1. Hvor mange vinduer er det i klasseværelset?

2. Hva skriver du med nå?

3. Hvor er viskelæret?[2]

4. Er det ei klokke i klasseværelset?

5. Hva skriver læreren på tavla med?

II. Skriftlig

A. Substantivet: Hvordan sier vi det på norsk?

1) a school __en skole__   schools __skoler__
   the school __skolen__   the schools __skolene__
2) a picture __et bilde__   pictures __bilder__
   the picture __bildet__   the pictures __bildene__
3) a clock __ei klokke__   clocks __klokker__
   the clock __klokka__   the clocks __klokkene__

---

[1] To avoid translating, point to the items indicated.

[2] Place eraser on floor, desk or chair.

B. Hva sier vi på norsk? (What is the appropriate thing to say in Norwegian in these situations?)

  1. Handing something to someone: _Vær så god._

  2. Greeting someone you were with yesterday: Takk for i går.
      (Takk for sist.)

  3. Leaving someone with whom you have spent the day: _____

      Takk for i dag. (Takk for nå.)

  4. Asking someone what something costs: Hva koster det?

  5. Asking someone to repeat something:_____ _____

      Kunne du si det en gang til?

C. Spørreord: Sett inn det riktige ordet.

  1. __Hva__   studerer du?
      (What)

  2. __Hvor__   arbeider du?
      (Where)

  3. __Hvordan__ staver vi det?
      (How)

  4. __Hvor__   mange ganger har han vært i Norge.
      (How)

  5. __Hvordan__ har han det?
      (How)

  6. __Hvor__   gammel er hun?
      (How)

D. Tidsuttrykk. Sett inn det riktige ordet:

  1. __I dag__   er den 28. september.
      (Today)

  2. __I går__   var den 27. september.
      (Yesterday)

  3. __I morgen__ er den 29. september.
      (Tomorrow)

E. Sett inn den riktige formen av 'å være' eller 'å ha':

    1. Jeg liker __å være__ i Norge.

    2. Jeg __har__ ikke en jobb.

    3. __Har__ du __hatt__ mange andre jobber før?

    4. De __var__ ikke her i går.

    5. Han __har__ __vært__ i Norge mange ganger før.

    6. Vi liker __å ha__ mange penger.

    7. __Er__ de i Norge nå?

    8. Han __hadde__ en avis i går.

F. Sett inn 'det' eller 'der':

    1. __Det__ er fem blyanter på skrivebordet.

    2. Blyantene er __der__ på skrivebordet.

    3. Boka var __der__ i går, men boka er her nå.

    4. Er __det__ mange vinduer i klasseværelset?

    5. __Det__ var mange bilder på veggene før.

    6. Har __det__ alltid vært så mange stoler __der__?

G. Oversett til engelsk:

    1. bildene __the pictures__   4. et kontor __an office__

    2. skolen __the school__   5. fabrikker __factories__

    3. boka __the book__   6. året __the year__

H. Spørsmål. Answer in complete sentences.

    1. Hvor mange gutter og piker er det i klassen? (Write out numbers.)

    2. Hvor mange vegger er det i klasseværelset? (Write out numbers.)

    3. Er det ikke ei dør i klasseværelset?

    4. Du lærer norsk i norsktimen, ikke sant?

    5. Du skriver med en penn nå, ikke sant?

I. <u>Oversett til norsk:</u>

1. I need a pencil and a pen.
   <u>Jeg trenger en blyant og en penn.</u>

2. He is buying the writingpaper now.
   <u>Han kjøper skrivepapiret nå.</u>

3. Jorunn was in the store yesterday.
   <u>Jorunn var i butikken i går.</u>

4. They are reading a book.
   <u>De leser ei bok.</u>

5. Is the book in English?
   <u>Er boka på engelsk?</u>

6. The students and the teacher are looking at the clock.
   <u>Studentene og læreren ser på klokka.</u>

7. How many other jobs have you had?
   <u>Hvor mange andre jobber har du hatt?</u>

8. She had a good job at the school before this.
   <u>Hun hadde en god jobb på skolen før dette.</u>

3. prøve (6. kapittel)

Jeg heter _____

I. **Muntlig**

  A. **Diktat**[1]

    Kjære <u>mor</u> og <u>far</u>![2]

    Tusen takk for sist. Jeg hadde en god <u>weekend</u> og det var
<u>hyggelig</u> å være hjemme <u>igjen</u>. Jeg er på værelset på skolen
nå. Vi har et hyggelig værelse med to skrivebord, to stoler,
to bord og to senger. Det er et teppe på golvet, lamper på
skrivebordene, noen lys på bordene, og vi sover i sengene.
Vi sitter noen ganger på stolene, men vi liker også å sitte
på golvet og snakke. Vi har mange bøker på værelset. Det
er <u>lett</u> å se <u>at</u> studenter bor her! Det er alt for nå. Jeg
har det bare bra, men jeg trenger penger og frimerker.

                                 hilsen Kari

  B. **Spørsmål**[3]

    1. Hvorfor skriver Kari til <u>mor</u> og <u>far</u>?

    2. Hvor skriver hun fra?

    3. Hva har hun på værelset?

    4. Hvorfor er det <u>lett</u> å se <u>at</u> studenter bor der?

    5. Hva trenger Kari?

---

[1] Could also be used as a reading passage.

[2] The underlined words should be spelled (in Norwegian) and defined if the passage is being used as a dictation.

[3] These questions may be dictated in Norwegian or printed and answered in English to test comprehension.

C. <u>Diktat.</u> Skriv det du hører på norsk og oversett til engelsk:

1. Jeg liker å sitte på golvet og lese.

   <u>I like to sit on the floor and read.</u>

2. De lærer å lese og skrive norsk i timen.
   <u>They learn (are learning) to read and write Norwegian in class.</u>

3. Hvor så hun kongen?
   <u>Where did she see the king?</u>

4. Har dere sett filmen ennå?
   <u>Have you (plural) seen the film yet?</u>

5. Skriver han brevene allikevel?
   <u>Is he writing the letters anyway?</u>

6. Hvorfor har han bøkene til Jorunn?
   <u>Why does he have Jorunn's books?</u>

D. <u>Hva ser du?</u> (I)

1. <u>(Two letters)   to brev   </u>

2. <u>(Three pictures) tre bilder   </u>

3. <u>(Five stamps)   fem frimerker   </u>

4. <u>(Two candles)   to lys   </u>

5. <u>(Four books)   fire bøker   </u>

E. <u>Hva ser du?</u> (II): Diktat

1. Hvor er bøkene? (Place books on desk.)
   <u>Bøkene er på skrivebordet.</u>

2. Hvor er brevene? (Place letters on floor.)
   <u>Brevene er på golvet.</u>

3. Hvor er bildene? (Show pictures in book.)
   <u>Bildene er i boka.</u>

4. Hva gjør mennene? (Picture of men knocking on door.)
   <u>Mennene banker på døra.</u>

5. Er det et teppe på golvet i klasseværelset?

6. Hvor mange hus ser du på tavla? (Draw four houses on board.)
   <u>Jeg ser fire hus på tavla.</u>

II. <u>Skriftlig</u>

A. <u>Substantivet.</u> Skriv den riktige formen av det riktige ordet:

a letter ___et brev___   letters ___brev___

the letter ___brevet___   the letters ___brevene___

a man ___en mann___   pictures ___bilder___

men ___menn___   desks ___skrivebord (pulter)___

houses ___hus___   the king ___kongen___

the houses ___husene___   candles ___lys___

the book ___boka___   ceiling-lights ___taklys___

books ___bøker___   ceilings ___tak___

films ___filmer___   the lamp ___lampa___

Norwegians ___nordmenn___   the Norwegians ___nordmennene___

stamps ___frimerker___   a lady ___en dame___

B. <u>Pronomener</u>

1. ___Han___ hilser på ___henne___ .
   (He)   (her)

2. ___Vi___ skriver brev til ___dem___ .
   (We)   (them)

3. ___De___ stopper ___meg___ .
   (They)   (me)

4. ___Jeg___ forstår ___deg___ fordi ___du___ snakker norsk.
   (I)   (you)   (you)

5. Kjenner ___du___ ___ham___ ?
           (you) (him)

6. Så ___dere___ ___oss___ i går?
      (you-pl) (us)

7. ___Hun___ liker ___deg___ .
   (She)   (you)

8. ___Hun___ snakker norsk med ___dere___ .
   (She)   (you - pl)

C. <u>Sett inn den riktige formen av 'å se'</u>:

1. Liker du __å se__ filmer om Norge?

2. Ja, men jeg __har__ ikke __sett__ mange av dem.

3. Vi __så__ en god film i går.

4. Han __ser__ filmen nå.

D. <u>Verb</u>. Sett inn den riktige formen av verbet i parentes:

1. Læreren og studentene __så på__ klokka i går. (to look at)

2. Elevene __ser__ ikke kongen nå. (to see)

3. Svein __banker__ på døra til Jorunn. (to knock)

4. Kongen __hilser på__ en dame. (to greet)

5. Jeg lærer __å forstå__ norsk. (to understand)

6. Han __tror__ han __forstår__ dette. (to believe/
   to understand)

7. Hun liker __å sitte__ på golvet og __lese__. (to sit/
   to read)

8. Studentene __har__ allerede __sett på__ bildene. (to look at)

9. Jeg __hadde__ mange frimerker her i går. (to have)

10. Hun liker __å lese__ norsk. (to read)

11. Hva __gjør__ hun på kontoret? (to do)

12. __Kjenner__ dere ham? (to know)

E. <u>Hva er spørsmålet?</u>

1. Use interrogatives:

__Hvorfor leser du norsk__? Jeg leser norsk fordi jeg
liker å lese norsk.

__Hvem er det__? Det er familien til Svein.

__Hva gjør han__? Han hilser på en dame.
__(Hvem hilser han på?)__

2. Do not use interrogatives

<u>Har du sett filmen ennå</u> ?   Nei, jeg har ikke sett filmen.

<u>Så du dem i butikken</u>   ?   Ja, jeg så dem i butikken.

<u>Kjenner du dem ikke</u>   ?   Jo, jeg kjenner dem.

F. <u>Sett inn det riktige spørreordet:</u>

1. <u>Hvor</u>   mye koster alt dette?
   <u>(How)</u>

2. <u>Hvorfor</u>   sitter du på golvet?
   <u>(Why)</u>

3. <u>Hvem</u>   skriver dere til?
   <u>(Who)</u>

4. <u>Hvordan</u>   kjenner du henne?
   <u>(How)</u>

5. <u>Hvor</u>   bor du?
   <u>(Where)</u>

G. <u>Sett 'ikke' inn i setningene:</u>

1. Jeg kjenner Jorunn.   <u>Jeg kjenner ikke Jorunn.</u>

2. Jeg kjenner henne.   <u>Jeg kjenner henne ikke.</u>

3. Jeg ser på bildene.   <u>Jeg ser ikke på bildene.</u>

4. Jeg ser på dem.   <u>Jeg ser ikke på dem.</u>

5. Jorunn så ham.   <u>Jorunn så ham ikke.</u>

6. Jorunn så kongen.   <u>Jorunn så ikke kongen.</u>

7. Svein har sett kongen.   <u>Svein har ikke sett kongen.</u>

8. Svein har sett ham.   <u>Svein har ikke sett ham.</u>

9. Svein liker Bjørn og Linda.   <u>Svein liker ikke Bjørn og Linda.</u>

10. Svein liker dem.   <u>Svein liker dem ikke.</u>

11. Vi så på bildene.   <u>Vi så ikke på bildene.</u>

12. Vi så på dem.   <u>Vi så ikke på dem.</u>

H. Oversett til norsk

1. Kari doesn't understand Norwegian so she doesn't understand you.
        Kari forstår ikke norsk, så hun forstår deg ikke.

2. Have you seen Jorunn's books?

        Har du sett bøkene til Jorunn?

3. Yes, I saw them yesterday.
        Ja, jeg så dem i går.

4. They were here on Svein's desk, but I don't see them now.
        De var på skrivebordet (pulten) til Svein, men jeg ser
                                                        dem ikke nå.

5. Are they looking at us?
        Ser de på oss?

6. There is only one chair and one table here.
        Det er bare en stol og ett bord her.

I. Spørsmål

1. Hva gjør du nå?

2. Er du hjemme nå?

3. Hvor sitter du nå?

4. Liker du å skrive brev?

5. Hvor mange dører er det i klasseværelset?

4. prøve (7. kapittel)

Navn _____

I. Muntlig

   A. Diktat

   Svein besøker familien til Bjørn i Bergen. Han ligger på
   senga til Bjørn og skriver et brev til Jorunn:

   Kjære Jorunn!

   Hvordan har du det? Jeg har det bare bra. Du vet at jeg er
   her i Bergen nå, ikke sant? Jeg er hos familien til Bjørn
   og jeg liker meg her. Jeg liker byen også. Det er alltid
   så mye å gjøre! Jeg har sett mange filmer, og jeg så kongen
   i dag. Jeg skriver ikke mye nå. Klokka er allerede tolv og
   jeg må legge meg. Ha det bra.

   hilsen Svein

   B. Spørsmål

   1. Who is Svein visiting?

   2. Where is he as he is writing the letter?

   3. Why does Svein like being in Bergen?

   4. What has he done there?

   5. Why doesn't he write a longer letter to Jorunn?

   C. Spørsmål: Skriv det du hører på norsk og svar på spørsmålet.

   1. Når pleier du å legge deg?

   2. Hvor liker du deg?

3. Hva har du på værelset ditt?   (Spell and define <u>ditt</u>.)

4. Kjenner du noen nordmenn?

5. Hva liker du?

II. <u>Skriftlig</u>

A. <u>Pronomener</u>. Sett inn det riktige pronomenet.
    (<u>Make the</u> sentences <u>reflexive</u> unless otherwise indicated.)

1. Vi legger __oss__ klokka tolv.

2. Når pleier dere å legge __dere__?

3. De vasker __seg__ nå.

4. Ser du __deg__ i speilet?

5. Han ser på __henne__ og hun ser på __ham__.
                   (her)   (him)

6. Han ser __seg__ i speilet og hun ser __seg__ i speilet.

7. Vi ser __dem__ og de ser __oss__ i speilet.
           (them)   (us)

8. Svein liker __seg__ ikke på skolen.

9. Jorunn legger __seg__ klokka ti.

10. Liker du __deg__ hjemme?

11. Nei, jeg liker __meg__ bedre ute.

12. Når legger dere __dere__?

B. <u>Svar på spørsmålene</u>. Answer the questions in both ways indicated:

1. Legger du deg før klokka tolv?

        Ja, __jeg legger meg før klokka tolv.__

        Nei, __jeg legger meg ikke før klokka tolv.__

2. Liker du deg i norsktimen?

        Ja, __jeg liker meg i norsktimen.__

        Nei, __jeg liker meg ikke i norsktimen.__

C. Sett inn det riktige ordet for 'know':

1. Vi _vet_ at det er tre vinduer i klasseværelset.

2. _Vet_ du hvor gammel han er?

3. Jeg _vet_ at Olav er kongen i Norge, men

   jeg _kjenner_ ham ikke.

4. _Kjenner_ du henne?

5. Hun _kjenner_ mange av studentene på universitetet.

6. Hun _vet_ hvor mange studenter det er på universitetet.

D. Spørreord. Sett inn det riktige ordet:

1. _Hvor_ har du vært?
   (Where)

2. _Hvordan_ har du hatt det?
   (How)

3. _Hvor_ bor du nå?
   (Where)

4. _Hvorfor_ gjør du det?
   (Why)

5. _Hvem_ er det du snakker med?
   (Who)

6. _Hvordan_ vet du det?
   (How)

7. _Når_ var de her sist?
   (When)

8. _Hvor_ mye koster det?
   (How)

E. Spørsmål. Give the question that elicited the following answer:

1. _Når pleier du å legge deg?_ ?

   Jeg pleier å legge meg klokka elleve.

2. <u>Hva gjør dere</u>_____?
   Vi <u>leser avisen</u>.

3. <u>Når så dere filmen?</u>_____?
   Vi så filmen <u>i går</u>.

4. <u>Hvorfor skriver du til ham på norsk</u>_____?
   Jeg skriver til ham på norsk <u>fordi</u> han lærer å lese norsk.

5. <u>Liker du deg ikke ute?</u>_____?
   <u>Jo</u>, jeg liker meg ute.

6. <u>Hvem liker du å snakke med?</u>_____?
   Jeg liker å snakke med <u>henne</u>.

F. <u>Sett inn det riktige ordet for 'it'</u>:

1. <u>Det</u>___ er ei god bok. Jeg leser <u>den</u> nå.

   <u>Den</u>___ er på norsk, og <u>den</u> er om Norge.

2. Jeg skriver med en penn. <u>Det</u>___ er en god penn,

   og jeg liker å skrive med <u>den</u>.

3. Huset er i Oslo. <u>Det</u>___ er et hyggelig hus.

   Vi besøker <u>det</u> nå.

4. Har du sett filmen ennå? Ja, jeg så <u>den</u>___ i går.

   Var <u>det</u> en god film? Ja, <u>den</u>___ var god.

G. <u>Sett inn den riktige formen av å ligge eller å legge</u>:

1. Når <u>legger</u>___ du deg?

2. Han pleier <u>å legge</u>___ seg klokka tolv.

3. Boka <u>ligger</u>___ på skrivebordet.

4. Han <u>legger</u>___ papirene på stolen.

5. Papirene <u>ligger</u>___ der på stolen.

6. Jorunn liker <u>å ligge</u>___ på senga.

H. <u>Oversett til norsk:</u>

1. There are two mirrors on the wall in the bedroom.
   <u>Det er to speil på veggen i soveværelset.</u>

2. There is just one mirror over the sink in the bathroom.
   <u>Det er bare ett speil over vasken i badet.</u>

3. Liv and Bjørn are in town now.
   <u>Liv og Bjørn er i byen nå.</u>

4. They are at Svein's house.
   <u>De er hjemme hos Svein.</u>

5. Jorunn finds herself a book, but she doesn't read it.
   <u>Jorunn finner seg ei bok, men hun leser den ikke.</u>

6. I know that she knows him.
   <u>Jeg vet at hun kjenner ham.</u>

7. She usually washes and brushes her teeth before she
   goes to bed.
   <u>Hun pleier å vaske seg og pusse tennene før hun legger seg.</u>

8. What time is it? It's eight o'clock.
   <u>Hva er klokka?</u> <u>Klokka er åtte.</u> (<u>Den er åtte.</u>)
   (<u>Hvor mange er klokka?</u>)

5. prøve (8. kapittel)

Navn_____

I. Muntlig

A. Diktat. Skriv ordet du hører, si om den bestemte formen er med -en, -et eller -a og oversett til engelsk:

1. __kjøtt__ ____-et____ ____meat____
2. __syltetøy__ ____-et____ ____jam____
3. __brødskive__ ____-a____ ____slice of bread____
4. __potet__ ____-en____ ____potato____
5. __vann__ ____-et____ ____water____
6. __saft__ ____-a____ ____juice____
7. __smørbrød__ ____-et____ ____sandwich____
8. __kelner__ ____-en____ ____waiter____
9. __ost__ ____-en____ ____cheese____
10. __skinke__ ____-a____ ____ham____

§§ What is the indefinite plural form of nr. 7? __smørbrød__

B. Spørsmål. Skriv det du hører på norsk og svar på spørsmålet:

1. Hva pleier du å spise til frokost?

2. Kan du snakke norsk?

3. Hva må du gjøre i dag?

4. Hva skal du gjøre etter timen i dag?

C. Hva heter det på norsk?

1. (cup) __en kopp__
2. (glass) __et glass__
3. (fork) __en gaffel__
4. (knife) __en kniv__
5. (spoon) __en skje__
6. (menu) __et spisekart__

§§ Hvordan pleier nordmenn å holde 3 og 4?

__Nordmenn pleier å holde gaffelen i venstre og kniven i høyre hånd.__

II. Skriftlig

   A. Du spiser på en restaurant. Hva sier du når du vil---

      1) ask for the menu ____ Kan jeg få spisekartet? ____

      2) order a couple of sandwiches __ Jeg skal ha et par smørbrød. __

      3) get the check ____ Kan jeg få regningen? ____

   B. Spørsmål. Svar med hele setninger:

      1. Hva pleier nordmenn å spise til frokost?

      2. Når pleier nordmenn å spise middag?

      3. Hva pleier nordmenn å spise til middag? (3 things)

      4. Hva pleier nordmenn å si etter et måltid?

   C. Hva er spørsmålet? Do not use interrogatives:

      1. Kan du komme i morgen ____? Jo, jeg kan komme i morgen.

      2. Skal du reise til Norge snart ? Ja, jeg skal reise til Norge snart.

      3. Vil du spise nå ____? Nei, jeg vil ikke spise nå.

      4. Må du legge deg nå ____? Ja, jeg må legge meg nå.

   D. Sett inn 'ikke':

      1. Jeg holder den i høyre hånd.   Jeg holder den ikke i høyre hånd.

      2. De vil lære norsk.   De vil ikke lære norsk.

      3. Vi har sett filmen.   Vi har ikke sett filmen.

      4. Hun så ham.   Hun så ham ikke.

      5. Han må snakke med henne.   Han må ikke snakke med henne.

      6. Dere kan skrive brevene nå.   Dere kan ikke skrive brevene nå.

E. <u>Sett inn 'noe' eller 'noen':</u>

  1. Vil du ha __noe__ å spise?

  2. Har __noen__ sett filmen ennå?

  3. Kjenner du __noen__ fra Norge?

  4. Jeg må ha __noe__ å drikke nå.

  5. Jeg skal ha __noen__ brødskiver.

F. <u>Sett inn den riktige formen av 'å spise':</u>

  1. Han __spiste__ på en restaurant i går.

  2. Vi må __spise__ hjemme i dag.

  3. De __har__ ikke __spist__ ennå.

  4. Vil du __spise__ nå?

  5. Pleier du __å spise__ ved tre-tiden?

  6. Jeg tror de __spiser__ nå.

  7. Hva liker du __å spise__ til aftens?

  8. La oss __spise__ seinere i dag.

G. <u>Oversett til norsk:</u>

  1. We can eat the jam now.
    <u>Vi kan spise syltetøyet nå.</u>

  2. He wants to drink coffee for breakfast.
    <u>Han vil drikke kaffe til frokost.</u>

  3. She likes to travel.
    <u>Hun liker å reise.</u>

  4. They are going to have a cup of coffee and a glass of milk.
    <u>De skal ha en kopp kaffe og et glass melk.</u>

  5. Let's talk with her later.
    <u>La oss snakke med henne seinere.</u>

  6. Do you know anyone in Norway?
    <u>Kjenner du noen i Norge?</u>

  7. Do you (pl) want something to eat?
    <u>Vil dere ha noe å spise?</u>

  8. I usually eat dinner around seven o'clock, but he wants to eat at eight o'clock.
    <u>Jeg pleier å spise middag ved sju-tiden, men han vil spise klokka åtte.</u>

6. prøve (9. kapittel)

Navn _____

I. <u>Muntlig</u>

A. Jeg har ___en blyant[1]___. <u>Det er ikke blyanten din. Den er min.</u>

Jeg har ___ei bok___ . <u>Det er ikke boka di. Den er mi</u>

Jeg har ___et viskelær___. <u>Det er ikke viskelæret ditt. Det er mitt.</u>

Jeg har to ___brev___ . <u>Det er ikke brevene dine. De er mine.</u>

Jeg har ___et speil___ . <u>Det er ikke speilet ditt. Det er mitt.</u>

Jeg har ___en penn___ . <u>Det er ikke pennen din. Den er min.</u>

B. Jorunn har ___ei klokke___. <u>Det er klokka til Jorunn. Det er klokka hennes.</u>

Svein har ___et bilde___. <u>Det er bildet til Svein. Det er bildet hans.</u>

Svein og Jorunn har ___bøker___ . <u>Det er bøkene til Svein og Jorunn. Det er bøkene deres.</u>

C. <u>Skriv det du hører på norsk.</u> First write the sentence as it is dictated to you, then place the indicated word or words first in the sentence and re-arrange the word order as necessary:

1. Jeg pleier å se på fjernsyn klokka åtte. (klokka åtte)
   <u>Klokka åtte pleier jeg å se på fjernsynet.</u>

2. Det er mange møbler i stua. (i stua)
   <u>I stua er det mange møbler.</u>

3. Du kan finne badet i annen etasje. (i annen etasje)
   <u>I annen etasje kan du finne badet.</u>

4. De har ofte vært i Bergen før. (i Bergen)
   <u>I Bergen har de ofte vært før.</u>

5. Vi skal reise til Norge i morgen. (i morgen)
   <u>I morgen skal vi reise til Norge.</u>

6. De så ham ikke i går. (i går)
   <u>I går så de ham ikke.</u>

7. Hun var i byen i går kveld. (i går kveld)
   <u>I går kveld var hun i byen.</u>

8. De pleier å lage mat på kjøkkenet. (på kjøkkenet)
   <u>På kjøkkenet pleier de å lage mat.</u>

---

[1] The items may be held up to avoid translation or indicated in English. An example to establish the pattern will need to be given in both A and B.

(Se spørsmålene på side 3)

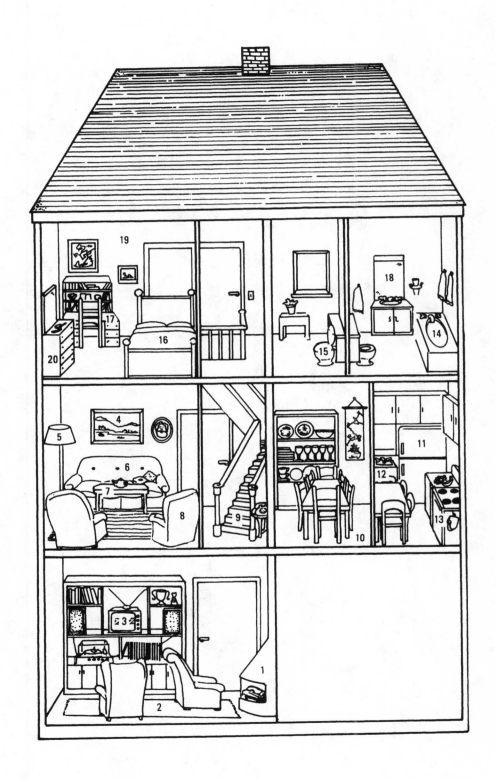

II. Skriftlig

A. Se på bildet (på side 2) og svar på spørsmålene:

1. Hva heter værelset i kjelleren?

2. Hva heter værelsene i første etasje?

3. Hva heter værelsene i annen etasje?

4. <u>Hva heter det på norsk?</u> The following numbers refer to parts of rooms or items of furniture in the accompanying drawing. None are names of rooms. Identify the items and indicate whether they are <u>en</u>, <u>ei</u> or <u>et</u>:

1. en peis
2. et teppe
3. et fjernsyn
4. et bilde
5. ei lampe
6. en sofa
7. et kaffebord
8. en lenestol
9. ei trapp
10. et golv
11. et kjøleskap
12. en vask
13. en komfyr
14. et badekar
15. et toalett
16. ei seng
17. et skrivebord
18. et speil
19. en vegg
20. en kommode

B. Spørsmål

1. Hva slags møbler har du på soveværelset ditt? (4 items)

2. Hva slags møbler er det i stua til familien din? (4 items)

3. I hvilken etasje bor du her på skolen?

4. Når spiste du frokost i dag? (Begin your answer with <u>I dag</u>...)

5. Hva skal du gjøre etter timen? (Begin your answer with <u>Etter timen</u>...)

C. Eiendomspronomener. Oversett til norsk:

    1. our kitchen _____ kjøkkenet vårt _____

    2. your (sing.) livingroom _____ stua di _____

    3. my house _____ huset mitt _____

    4. your (pl.) books _____ bøkene deres _____

    5. their television _____ fjernsynet deres _____

    6. his bed _____ senga hans _____

    7. her sofa _____ sofaen hennes _____

    8. our stove _____ komfyren vår _____

    9. my diningroom _____ spisestua mi _____

    10. your (sing.) record player ____ platespilleren din _____

    11. your (sing.) bathtub _____ badekaret ditt _____

    12. my furniture _____ møblene mine _____

    13. our closets _____ skapene våre _____

    14. your (pl.) vegetables _____ grønnsakene deres _____

    15. Jorunn's easychair _____ lenestolen til Jorunn ____

    16. Svein's coffeetables_____ kaffebordene til Svein ___

D. Sett inn 'henne' eller 'hennes':

    1. Har du vært på værelset ___hennes_____?

    2. Jeg så ___henne___ på kontoret i går.

    3. Kjenner du familien ___hennes___ også?

    4. Jeg kan ikke finne bøkene ___hennes_____.

    5. Snakker du norsk med ___henne_____?

E. Oversett til norsk:

    1. What kind of rooms did you see on the second floor?
        Hva slags værelser så du i annen etasje?

    2. You (pl) can use our stove when you want to make dinner.
        Dere kan bruke komfyren vår når dere vil lage middag.

    3. "Long time, no see." (It's a long time since the last time.)
        Det er lenge siden sist.

7. prøve (10. kapittel)

I. <u>Muntlig</u>

A. <u>Individual Oral Exam</u>. Students come in individually, are
given the cues in English and graded on the first answer
they give. If pronunciation is to receive most weight,
two points may be alloted to it and one to form.

Studenten heter _____

<u>Hvordan sier vi det på norsk?</u>

	form	uttale
a brother		
two brothers		
a sister		
two sisters		
my brother		
my sisters		
parents		
children		
my children		
my parents		
my siblings		
aunts		
uncles		
a nephew		
a niece		
male cousins		
my female cousin		
my relatives		

B. Diktat. Skriv det du hører på norsk og svar på spørsmålene:

    1. Hvor mange barn er det i familien din?

    2. Hvor mange søsken har du?

    3. Hva heter søsknene dine og hva gjør de?

    4. Er søsknene dine gift? Har du nieser og nevøer?

    5. Hvor mange tanter og onkler har du?

II. Skriftlig

    A. Oversett til norsk:

      1. my sister _____ søsteren min

      2. your sisters _____ søstrene dine

      3. her brother _____ broren hennes

      4. his brothers _____ brødrene hans

      5. our parents _____ foreldrene våre

      6. their grandparents _____ besteforeldrene deres

      7. your (pl) siblings _____ søsknene deres

      8. my nephews _____ nevøene mine

      9. your niece _____ niesen din

    10. our uncle _____ onkelen vår

    11. his male cousin _____ fetteren hans

    12. her female cousin _____ kusinen hennes

    13. the teacher's grandchildren _ barnebarna til læreren

    14. Larsen's child _____ barnet til Larsen

    15. your sister's daughter _____ datteren til søsteren din

    16. your wife's son _____ sønnen til kona di

B. <u>Define in Norwegian:</u>

1. Hvem er søskenbarna dine?
   <u>Søskenbarna mine er barna til tantene og onklene mine.</u>

2. Hvem er tantene og onklene dine?
   <u>Tantene og onklene mine er søstrene og brødrene til foreldrene mine.</u>

3. Hvem er niesene og nevøene dine?
   <u>Niesene og nevøene mine er døtrene og sønnene til brødrene og søstrene mine.</u>

4. Hvem er besteforeldrene dine?
   <u>Besteforeldrene mine er foreldrene til foreldrene mine.</u>

5. Hvem er barnebarna dine?
   <u>Barnebarna mine er barna til barna mine.</u>

C. <u>Sett inn det riktige ordet:</u>

1. Søsteren <u>hennes</u> arbeider i dag.
   (her)

2. Vi snakker med <u>henne</u> ofte.
   (her)

3. Kjenner du <u>henne</u>? Kjenner du også moren <u>hennes</u>?
   (her)   (her)

4. Jeg kjenner <u>ham</u>, men jeg kjenner ikke broren <u>hans</u>:
   (him)   (his)

5. Hva heter <u>kona di</u>?
   (your wife)

6. <u>Besteforeldrene til læreren</u> kommer ikke fra Norge.
   (The teacher's grandparents)

7. <u>Søstrene til Jorunn</u> bor i Norge nå.
   (Jorunn's sisters)

8. Hvor er <u>barnet ditt</u>?
   (your children)

9. Hvor er <u>sønnen deres</u> og <u>datteren deres</u>?
   (your-pl son)   (your-pl daughter)

10. Snakker <u>barnet ditt</u> norsk?
    (your child)

11. <u>Onklene våre</u> har vært hos <u>oss</u> mange ganger.
    (Our uncles)   (us)

12. <u>Bestemødrene til Svein</u> var fra Norge, men <u>bestefedrene hans</u>
    (Svein's grandmothers)   (his grandfathers)

    var fra Tyskland.

D. Combine the following elements to produce correct sentences:

    1. min / har / barn / ikke / søsteren
            Søsteren min har ikke barn.

    2. brødrene / kjenner / hans / ikke / henne
            Brødrene hans kjenner henne ikke.

    3. sett / foreldrene / ikke / har / han / hennes / ennå
            Han har ikke sett foreldrene hennes ennå.

    4. kjenner / kona / ikke / mi / barna
            Kona mi kjenner ikke barna. (Barna kjenner ikke kona mi.)

    5. så / foreldrene / ikke / ham / hennes
            Foreldrene hennes så ham ikke.

    6. ikke / mine / kjenner / barna / ham
            Barna mine kjenner ham ikke.

E. Oversett til norsk:

    1. Svein wants to inherit a lot of money.
            Svein vil gjerne arve mange penger.

    2. His brothers-and-sisters treat him like a child.
            Søsknene hans behandler ham som et barn.

    3. Maybe your relatives know my relatives.
            Kanskje slektningene dine kjenner slektningene mine.

    4. My children have never been in Norway.
            Barna mine har aldri vært i Norge.

    5. When are you (pl) going to come again?
            Når skal dere komme igjen.

8. prøve (11. kapittel)

Navn_____

I. __Muntlig__

A. __Diktat__

Tor, Anne og Erik bor på en gård på landet. I dag reiser de
og besøker mormoren og morfaren i byen. Der er de alltid
velkommen. Morforen __møter__[1] dem i trappa og de går __opp__ til
tredje etasje, hvor han og kona hans bor. Mormoren står i
entreen og hilser på dem. Hun smiler, for hun liker å ha barne-
barna i huset. Alle sammen går __inn i__ stua. De sitter og snakker.
De har mye å fortelle om. Barna forteller om hvordan det går
hjemme på gården, og morfaren og mormoren forteller om byen
og om menneskene de kjenner der.

"Men klokka er åtte!" sier mormoren og går __ut__ på kjøkkenet.
"Timene går og dere trenger mat." Anne hjelper henne, men når
de kommer __inn i__ stua igjen, sover Erik allerede. Han er bare
fem år, __stakkar__.

B. __Spørsmål__

1. Where do Tor, Anne and Erik live?

2. Where do their grandparents live?

3. Do their grandparents have a house or an apartment?

4. What do they talk about?

5. Why was the grandmother so surprised when she realized
   the time?

6. What did they find when they came into the livingroom again?

---

[1] Spell and define the underlined words.

C. Spørsmål. Skriv det du hører på norsk og svar på spørsmålet:

    1. Bor du på landet eller i byen?

    2. Hva slags grønnsaker liker du?

    3. Hva slags frukt liker du?

    4. Har familien din noen dyr?

    5. Hva slags bygninger[1] kan du finne på en gård? (name 3)

    6. Hva er et ektepar? (Define in Norwegian.)

    7. Hvordan føler du deg i dag?

    8. Har du sovet godt?

II. Skriftlig

    A. Hva heter det på norsk?

        1. Denmark   Danmark

        2. Germany   Tyskland

        3. France   Frankrike

        4. Sweden   Sverige

        5. Spain   Spania

        6. Italy   Italia

    B. Oversett til norsk:

        1. May I introduce you to my parents?
            Får jeg presentere deg for foreldrene mine?

        2. Do you usually get many letters?
            Pleier du å få mange brev?

----

[1] Spell (in Norwegian) and define.

C. Imperativ. Oversett til norsk.

1. Sell the house! _____ Selg huset!

2. Find the market-place! _____ Finn torget!

3. Help me! _____ Hjelp meg!

4. Can I help you? _____ Kan jeg hjelpe deg?

5. You must close the door. _____ Du må lukke døra.

6. Close the door! _____ Lukk døra!

7. We want to sleep now. _____ Vi vil gjerne sove nå.

8. Sleep now! _____ Sov nå!

9. They are going to answer us. _____ De skal svare oss.

10. Take the pictures! _____ Ta bildene!

11. Show them the farm! _____ Vis dem gården!

12. Smile at him! _____ Smil til ham!

13. Let's milk the cows. _____ La oss melke kuene.

14. May we wish you (pl) welcome? _____ Får vi ønske dere velkommen?

15. Buy the vegetables! _____ Kjøp grønnsakene!

D. Sett inn det riktige ordet for 'grow':

1. Han er bonde i Amerika. Han __dyrker__ hvete.

2. Hvete __vokser__ ikke bra i Norge.

3. Grønnsakene bak huset __vokser__ bra nå.

4. Hva __dyrker__ familien din?

5. Mette __vokser__, hun er nesten fem nå.

E. Oversett til norsk:

1. My father is a farmer and my mother is a journalist.
    Faren min er bonde og moren min er journalist.

2. My grandparents were farmers.

    Besteforeldrene mine var bønder.

F. <u>Oversett til norsk:</u>

1. Bakke grows rye, oats and hay.
        <u>Bakke dyrker rug, havre og høy.</u>

2. The potatoes and peas are growing well in the garden
    behind the house.
        <u>Potetene og ertene vokser godt i hagen bak huset.</u>

3. Have you (pl) looked around the town yet?
        <u>Har dere sett dere omkring i byen ennå?</u>

4. Did she sleep well?
        <u>Sov hun godt?</u>

5. Show me the book you are reading.
        <u>Vis meg boka du leser.</u>

G. <u>Spørsmål.</u> Svar med hele setninger:

1. Hva interesserer deg?

2. Hva kan vi finne i et fjøs?

3. Hva kan vi finne i et stabbur?

4. Hva kan vi finne på en låve?

9. prøve (12. kapittel)

Navn _____

I. Muntlig

A. Diktat

Bob bor i England og er student. Nå er han i Norge. Han har vært der siden september. Han er i Norge fordi han trenger penger og han ønsker å lære norsk. Han arbeider og bor på en gård og han liker seg bra der. Han hjelper bonden i uken. De tar opp[1] poteter. Det er mye å gjøre, men de arbeider aldri på søndager. Bob liker søndagene best. Han går alltid til fjøset og hilser på dyrene, han snakker med naboene, ser seg omkring og tar seg noen ganger en lur i høyet. Men etter søndag kommer dessverre alltid mandag igjen....

B. Spørsmål

1. Why has Bob come to Norway?

2. What is he doing in Norway?

3. Why does Bob like Sundays best?

4. What does he do on Sunday?

5. Why is it unfortunate that Monday follows Sunday?

C. Spørsmål. Skriv det du hører på norsk og svar på spørsmålet:

1. Når ble du født?

2. Hvor mange dager er det i en uke og hva heter de?

3. Hvor mange måneder er det i et år og hva heter de?

---

[1] Spell and define the underlined words.

II. Skriftlig

A. Datoer

1. Hvilken dato er det i dag?

2. Hvilken dato var det i går?

3. Hvilken dato er det i morgen?

4. Skriv ut disse datoene: (Skriv ut <u>tallene</u> også.)

6/1 <u>den sjette januar</u>   7/8 <u>den sjuende august</u>

3/5 <u>den tredje mai</u>   10/3 <u>den tiende mars</u>

4/7 <u>den fjerde juli</u>   25/12 <u>den tjuefemte desember</u>

B. Verbformene. Skriv de fire formene av verbene:

	infinitiv	presens	imperfektum	perfektum
1. to be	å være	er	var	har vært
2. to have	å ha	har	hadde	har hatt
3. to eat	å spise	spiser	spiste	har spist
4. to see	å se	ser	så	har sett
5. to look at	å se på	ser på	så på	har sett på
6. to say	å si	sier	sa	har sagt
7. to visit	å besøke	besøker	besøkte	har besøkt
8. to sleep	å sove	sover	sov	har sovet

C. Sett inn den riktige formen av verbet:

1. Når skal vi <u>spise</u> i kveld? (to eat)

2. Hvor vil du <u>sove</u>? (to sleep)

3. Jeg tror han <u>sa</u> det til ham i går. (to say)

4. De pleier <u>å se på</u> fjernsyn klokka sju. (to look at)

5. Han <u>besøkte</u> alle slektningene sine i fjor. (to visit)

6. <u>Hadde</u> dere det hyggelig i går? (to have)

7. Hvor mange av slektningene hennes <u>er</u> på besøk nå? (to be)

8. Vi <u>så</u> dem ikke i fjor, men jeg tror vi skal

   <u>se</u> dem neste gang. (to see)

9. Har de <u>sagt</u> noe til deg om det ennå? (to say)

10. <u>Sov</u> du godt i går? (to sleep)

D. <u>Sett inn det riktige pronomenet:</u>

1. Ingeborg Bakke presenterer barna <u>sine</u> for Krogstad.
    (her)

2. Døtrene <u>hennes</u> heter Mette og Siri.
    (her)

3. Jeg skal besøke slektningene <u>mine</u> i år.
    (my)

4. Ingeborg Bakke viser Krogstad værelset <u>hans</u> .
    (his)

5. Stein sitter og leser på værelset <u>sitt</u> .
    (his - own)

6. Værelset <u>hans</u> er i annen etasje.
    (his)

7. Familien Bakke viser Krogstad gården <u>sin</u> .
    (their)

8. Krogstad liker seg på gården <u>deres</u> .
    (their)

9. Ingeborg og Arne Bakke sitter i stua <u>si</u> og snakker
    (their)
    om barna <u>sine</u> .
    (their)

10. Hva dyrker dere på gården <u>deres</u> ?
    (your - pl)

11. Vi skal selge grønnsakene <u>våre</u> på torget i byen.
    (our)

12. Ingeborg Bakke sitter og skriver et brev til søsteren <u>sin</u> .
    (her)

13. Søsteren <u>hennes</u> bor i Danmark.
    (her)

14. Bakke ser ikke ofte broren <u>sin</u> .
    (his)

15. Broren <u>hans</u> bor i Amerika.
    (his)

E. Sett inn det riktige ordet for 'both':

1. Krogstad møter _begge_ døtrene til ekteparet Bakke.

2. _Begge_ jentene tar ham i hånden.

3. _Både_ jentene og guttene tar ham i hånden og ønsker ham velkommen.

4. Bakke dyrker _både_ rug og havre.

5. Han trenger hjelp av _begge_ døtrene sine.

F. Oversett til norsk:

1. Mette resembles both her parents.
    Mette ligner på begge foreldrene sine.

2. Last year her parents were in both Denmark and Sweden.
    I fjor var foreldrene hennes i både Danmark og Sverige.

3. Krogstad is visiting the Bakke family on their farm.
    (Translate 'is visiting' two ways.)
    Krogstad besøker familien Bakke på gården deres.
    Krogstad er på besøk hos familien Bakke på gården deres.

4. He is having a good time on their farm.
    Han har det hyggelig på gården deres.

5. "Good night and sleep well," Mrs. Bakke said.
    "God natt og sov godt," sa fru Bakke.

6. Mr. Bakke asks: "Where have I seen you before?"
    Herr Bakke spør: "Hvor har jeg sett deg før?"

7. Krogstad finds his room and falls asleep.
    Krogstad finner værelset sitt og sovner.

8. Krogstad slept well on the Bakke family's farm.
    Krogstad sov godt på gården til familien Bakke.

9. Next week they have to sell their house.
    Neste uke må de selge huset sitt.

10. This year she wants to travel to Germany.
    I år vil hun gjerne reise til Tyskland.

11. He has his books on his desk in his room.
    Han har bøkene sine på skrivebordet sitt i værelset sitt.

12. His books are on his desk in his room.
    Bøkene hans er på skrivebordet hans i værelset hans.

G. Klokka

1) How do you ask what time it is in Norwegian?

Hvor mange er klokka?   (Hva er klokka?)

2) Express the following times in Norwegian:

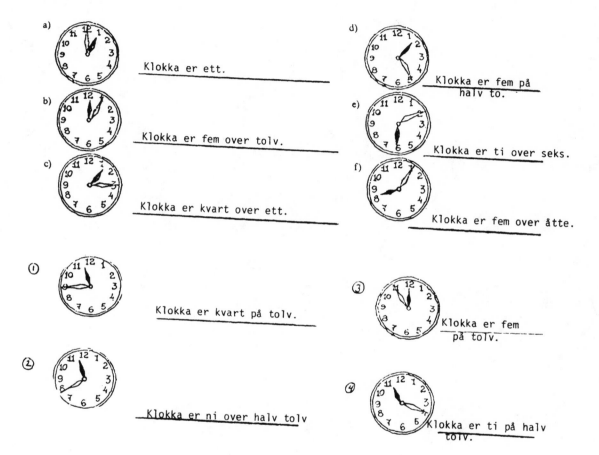

a) Klokka er ett.

b) Klokka er fem over tolv.

c) Klokka er kvart over ett.

d) Klokka er fem på halv to.

e) Klokka er ti over seks.

f) Klokka er fem over åtte.

① Klokka er kvart på tolv.

② Klokka er ni over halv tolv

③ Klokka er fem på tolv.

④ Klokka er ti på halv tolv.

10. prøve (13. kapittel)

Navn _____
Dato _____
(på norsk!)

I. <u>Muntlig</u>

A. <u>Skriv det du hører på norsk</u>. Skriv setningen du hører. Skriv
den så om og bruk perfektum og entall:

<u>Diktat:</u>	<u>Studentene skriver:</u>
1. Jeg hadde mange hyggelige dager.	Jeg har også hatt en hyggelig dag.
2. Jeg så mange interessante steder.	Jeg har også sett et interessant sted.
3. Jeg spiste mange gode måltider.	Jeg har også spist et godt måltid.
4. Jeg besøkte mange fine museer.	Jeg har også besøkt et fint museum.
5. Jeg så på mange pene bilder.	Jeg har også sett et pent bilde.
6. Jeg sov på mange dyre hoteller.	Jeg har også sovet på et dyrt hotell.
7. Jeg sa mange interessante ting.	Jeg har også sagt en interessant ting.
8. Jeg var på besøk hos mange kjente mennesker.	Jeg har også vært på besøk hos et kjent menneske.

B. <u>Spørsmål</u>. Skriv det du hører på norsk og svar på spørsmålet:

1. Hva er Oslo?

2. Hva heter bygningen hvor kongen bor?

3. Hvem er konge i Norge nå?

4. Hva betyr det når det er et rødt flagg på toppen
av Slottet?

5. Hvem var Karl Johan?

6. Hvem har makten i Norge?

7. Hvem skal arve tronen?

8. Hvorfor er kafeen i Grand Hotell kjent?

C. Fortell om det du ser. You will be shown an object and given
an adjective to describe it. Put the two together to form a
phrase:

1. (ruler)   long   en lang linjal

2. (walls)   white   hvite vegger

3. (orange)   juicy   en saftig appelsin

4. (clothes)   warm   varme klær

5. (window)   large   et stort vindu

6. (pencils)   yellow   gule blyanter

II. Skriftlig

A. Sett inn de riktige ordene:

1. Vi vil gjerne bo på et __billig__ hotell, men vi kan ikke
                         (cheap)
   finne noen __billige__ hoteller.
              (cheap)

2. Torget er et __populært__ sted fordi grønnsakene er
                (popular)
   __rimelige__ der.
   (reasonable)

3. Det er mange __pene parker__ og __moderne kirker__ i byen.
                (pretty parks)   (modern churches)

4. Vi så et skuespill i et __moderne__ teater.
                           (modern)

5. Husene der borte er __grønne__, __gule__, __røde__
                       (green)   (yellow) (red)
   og __hvite__.
      (white)

6. Det var mange __fargerike blomster__ på torget i dag.
                 (colorful flowers)

7. Tusen takk for et __deilig__ måltid.
                     (delicious)

8. De har et __nytt__, __grønt__ hus nå.
             (new)   (green)

9. På torget kan vi kjøpe __saftige__ epler.
                          (juicy)

10. __Norsk__ pålegg er __godt__ men __dyrt__
    (Norwegian)   (good)   (expensive)

B. <u>Sett inn den riktige formen av 'hvilken'</u>:

1. <u>Hvilken</u> buss må vi ta?

2. <u>Hvilke</u> bøker leser du nå?

3. <u>Hvilket</u> hus bor de i?

4. <u>Hvilken</u> dør skal vi bruke?

C. <u>Hvor er det?</u> Sett inn de riktige ordene:

1. Hotellet er <u>ved siden av</u> teatret.
   (next door to)
2. Bygningene er <u>ved enden av</u> parken.
   (at the end of)
3. Statuene er <u>foran</u> kirken.
   (in front of)
4. Hagen er <u>bak</u> huset.
   (in back of)
5. Flagget er <u>på toppen av</u> hotellet.
   (on top of)

D. <u>Substantiver.</u> Sett inn den riktige flertallsformen:

1. et teater <u>teatre</u>   6. en kafé <u>kafeer</u>

2. et museum <u>museer</u>   7. en ting <u>ting</u>

3. et sted <u>steder</u>   8. et flagg <u>flagg</u>

4. et skuespill <u>skuespill</u>   9. et eple <u>epler</u>

5. ei dagbok <u>dagbøker</u>   10. en nordmann <u>nordmenn</u>

E. <u>Oversett til norsk</u>:

1. Every year many Norwegian tourists travel to Italy.
   <u>Hvert år reiser mange norske turister til Italia.</u>

2. Some Norwegians have never been in Sweden.
   <u>Noen nordmenn har aldri vært i Sverige.</u>

3. Right by the hotel there is a good restaurant.
   <u>Like ved hotellet er det en god restaurant.</u>

4. Have you ever been in the capital?
   <u>Har du noen gang vært i hovedstaden?</u>

5. Let's cross the street and look at the buildings
   over there.
   <u>La oss gå over gata og se på bygningene der borte.</u>

6. Which museums have you (pl) seen here in town?
   <u>Hvilke museer har dere sett her i byen?</u>

11. prøve (14. kapittel)

Navn _____
Dato _____

I. Muntlig

  A. Diktat (or Lesestykke) *New words are underlined.

Siri gikk en lang tur i går. Hun bor i Oslo og pleier å ta
en tur i Nordmarka hver søndag. Hun tar undergrunnsbanen ut
av byen og begynner å gå når hun kommer til endestasjonen.
Hun kjenner veiene godt. Hun har gått her siden hun var
en liten pike. Siri liker å være i marka. Sola skinner ikke
alltid, men hun liker seg ute allikevel. Det hadde kommet
litt snø dagen før, så Siri skal ta ski med seg neste gang.

  B. Spørsmål

   1. What did Siri do yesterday?

   2. Had she ever done that before?

   3. How does she get to Nordmarka?

   4. Why does she know the paths so well?

   5. What is she going to take along next time and why?

  C. Sammensatte ord. Skriv det du hører på norsk, si hva ordet
     betyr om det er en, ei eller et:

kjøkkendør	ei	kitchen door
steintårn	et	stone tower
morgenavis	en	morning newspaper
lærerskole	en	teacher's school
hoveddør	ei	main door
friluftsmuseum	et	outdoor museum
fabrikkarbeider	en	factory worker

II. <u>Skriftlig</u>

A. <u>Sett inn den riktige formen av det riktige ordet:</u>

1. <u>Der borte</u> er det en stor, fin bygning.
   (Over there)

2. La oss gå <u>dit bort</u> og se på den.
   (over there)

3. Kom <u>hit</u> og se hva jeg har <u>her</u>!
   (here)   (here)

4. Jeg vil gjerne reise til Norge. Har du vært <u>der</u> ennå?
   (there)

5. Nei, men jeg skal reise <u>dit</u> snart.
   (there)

6. Er moren din <u>hjemme</u>?
   (home)

7. Ja, hun kom <u>hjem</u> klokka fire.
   (home)

8. <u>Der ute</u> ligger Bydgøy.
   (Out there)

9. La oss ta båten <u>dit ut</u> og se på museene <u>der</u>.
   (out there)   (there)

10. Hvordan liker du deg <u>her oppe</u> i Nordmarka?
    (up here)

11. Tok du undergrunnsbanen <u>hit opp</u>?
    (up here)

12. Naboene våre har vært <u>borte</u> lenge.
    (away/gone)

13. Turistene gikk <u>inn i</u> Rådhuset.
    (into)

14. <u>Der inne</u> så de mange fine veggmalerier.
    (In there)

15. Rådhuset ligger <u>der nede</u> ved havna.
    (down there)

16. La oss gå <u>dit ned</u> nå.
    (down there)

B. <u>Folkemuseet</u>. Sett inn de riktige ordene:

Oslo har et __berømt__ museum ute på Bygdøy.
      (famous)

Det er et stort __friluftsomårde__ med mange __gamle__ hus fra
      (outdoor area)   (old)

overalt i Norge. Noen av husene har __grønt__ __gras__ på taket.
      (green) (grass)

Det er __et fargerikt sted__ . Det er også et __viktig__
     (a colorful place)   (important)

museum fordi her kan en se hvordan __nordmennene__ hadde det
     (the Norwegians)

i gamle dager. __Et besøk__ på folkemuseet er en fin __opplevelse__ .
    (A visit)   (experience)

På folkemuseet er det også en __friluftsrestaurant__ .
     (outdoor restaurant)

__Folkedansere__ __danser__ __folkedanser__ der. __Danserne__
(Folkdancers) (dance) (folkdances) (The dancers)

har __fargerike__ __bunader__ på seg, og det er __en spillemann__
  (colorful) (costumes)   (a fiddler)

med dem. Han __spiller__ på __ei hardingfele__ , et __gammelt__
    (plays) (a Hardanger fiddle) (old)

__norsk__ nasjonalinstrument. Turistene sitter og drikker
(Norwegian) (national instrument)

__en kopp kaffe__ eller __et glass cola__ og spiser et __smørbrød__
(a cup of coffee) (a glass of cola) (sandwich)

eller noen __småkaker__ mens de ser på __dansene__ . De sier
   (cookies)   (the dances)

at det er svært __morsomt__ å være på folkemusset.
    (fun/amusing)

C. <u>Substantivet</u>. Hva heter det i flertall?

1. en danser   to __dansere__   5. ei bok   to __bøker__

2. ei ski   to __ski__   6. en fetter to __fettere__

3. et tre   to __trær__   7. en ting   to __ting__

4. en bonde   to __bønder__   8. en kelner to __kelnere__

D. Sett inn den riktige formen av 'liten' eller 'litt' and
    supply the indefinite article as needed.

    1. Folkemuseet er ikke ___et lite___ museum.
                              (a little)

    2. Vi har tatt ___en liten___ båt for å komme ut til Bygdøy.
                    (a little)

    3. Vi kom forbi mange ___små___ øyer på veien til Bygdøy.
                           (little)

    4. Vi var ___litt___ sultne etter turen dit ut.
              (a little)

    5. Vi spiste ___litt___ mat. Vi spiste ikke mye fordi det var
                 (a little)

        ___litt___ dyrt å kjøpe mat der ute.
        (a little)

    6. Vi spiste maten ved ___et lite___ bord på ___en liten___ restaurant.
                           (a little)   (a little)

    7. Nå er vi ___litt___ trøtte.
               (a little)

    8. Jeg tror vi skal sove ___litt___ nå.
                             (a little)

E. Sett inn den riktige formen av verbet:

    1. Jeg liker ___å ta___ bilder når jeg er turist. (to take)

    2. I fjor ___var___ jeg i Norge og jeg ___tok___ mange fine
        bilder. (to be / to take)

    3. Vi liker ___å gå___ tur i Nordmarka. (to go)

    4. På søndag ___gikk___ jeg en lang tur. Jeg ___kom___ ikke tilbake
        før klokka fem. (to go / to come)

    5. Har du noen gang ___gått___ til byen fra skolen? (to go)

    6. Hun vil gjerne ___komme___ igjen en annen gang. (to come)

    7. Må du ___gå___ nå? (to go)

    8. Har turistene ___tatt___ båten ut til Bygdøy? (to take)

    9. ___Går___ du ofte på ski? (to go)

    10. Har turistene ___kommet___ tilbake til hotellet ennå? (to come)

F. <u>Hvordan sier vi det på norsk?</u>

1. a map of Oslo _____ et kart over Oslo

2. north of Bergen _____ nord for Bergen

3. south of Chicago _____ sør for Chicago

4. to the left of the tower _____ til venstre for tårnet

5. to the right of the station _til høyre for stasjonen

6. east / west _____ øst / vest

7. to have plenty of time _____ å ha god tid

8. all the way _____ hele veien

G. <u>Sett inn 'til', 'å', 'for å' eller '-'</u>(ingenting):

1. Turistene pleier __å__ like seg i Norge.

2. Han tok båten _til_ Bygdøy _for å_ se museene.

3. Hun vil __-__ reise til Norge _for å_ lære _å_ snakke norsk.

4. Hun gikk _til_ butikken _for å_ kjøpe skrivepapir.

5. Han er sulten. Han vil __-__ spise. Han går _til_ kjøkkenet _for å_ lage middag.

H. <u>Oversett til norsk:</u>

1. How old are you? (Translate in two ways: Addressing one person, then addressing more than one.)
<u>Hvor gammel er du?</u> <u>Hvor gamle er dere?</u>

2. We have to take another bus to get (come) out there.
<u>Vi må ta en annen buss for å komme dit ut.</u>

3. Are you hungry. (Translate in two ways as in nr. 1 above.)
<u>Er du sulten?</u> <u>Er dere sultne?</u>

4. When did they come home yesterday evening?
<u>Når kom de hjem i går kveld?</u>

5. We went to town to buy a map, but now we need another map.
<u>Vi gikk til byen for å kjøpe et kart, men nå trenger vi et annet kart.</u>

6. Take it easy! We're taking it easy.
<u>Ta det med ro! Vi tar det med ro.</u>

12. prøve (15. kapittel)

Navn _____
Dato _____

I. Muntlig

A. Diktat. Skriv det du hører på norsk og svar på spørsmålene:

1. Hva er det beste du vet?

2. Liker du å vaske opp?

3. Liker du å spise på restaurant?

4. Hva pleier du å bestille når du spiser på restaurant?

5. Går du ofte på kino?

6. Hvor mange ganger har du gått på kino i år?

B. Skriv det du hører og så skriv det om i imperfektum:

Diktat	I imperfektum
1. Vertinnen skal servere middag.	Vertinnen skulle servere middag.
2. Verten må vaske opp.	Verten måtte vaske opp.
3. Vi får reise oss og gå.	Vi fikk reise oss og gå.
4. Gjestene vil forsyne seg.	Gjestene ville forsyne seg.
5. Hun kan ikke betale regningen.	Hun kunne ikke betale regningen.

C. Skriv det du hører på norsk. Then rewrite the sentence expressing 'want' in another way.

1. De ville møte oss klokka sju.	De hadde lyst til å møte oss klokka sju.
2. Han vil låne noen penger av deg.	Han har lyst til å låne noen penger av deg.
3. Gjestene har lyst på noen vafler.	Gjestene vil ha noen vafler.
4. Vil du ha et stykke bløtkake?	Har du lyst på et stykke bløtkake?
5. Hun ville ha litt til.	Hun hadde lyst på litt til.
6. Vil du smake på oksesteiken?	Har du lyst til å smake på oksesteiken?

II. <u>Skriftlig</u>

   A. <u>Du spiser middag i et norsk hjem:</u>

     1. Hva sier vertinnen når maten står på bordet og hun vil
       at gjestene skal komme og spise?

       <u>Vær så god.</u>

     2. Hva sier gjesten når han vil få noe (f. eks. kjøttet)?

       <u>Kunne du være så snill å sende meg kjøttet?</u>

     3. Hvor mange ganger pleier gjesten å forsyne seg av hovedretten?

       <u>Gjesten pleier å forsyne seg av hovedretten to ganger.</u>

     4. Hva sier gjesten når han har spist nok? (2 answers possible,
       give <u>both</u>.)

       <u>a) Jeg er forsynt.</u>   <u>b) Jeg er mett.</u>

     5. Hva sier alle til vertinnen når de reiser seg fra bordet?

       <u>Takk for maten.</u>

     6. Hva svarer vertinnen?

       <u>Vel bekomme.</u>

   B. <u>Imperativ</u>. Give the following commands:

     1. Pay the bill!   <u>Betal regningen!</u>

     2. Wait for me!   <u>Vent på meg!</u>

     3. Sit down!   <u>Sett deg!</u>

     4. Help yourself to the food! <u>Forsyn deg av maten!</u>

     5. Get up!   <u>Reis deg!</u>

     6. Take it easy!   <u>Ta det med ro!</u>

   §§ Now give the least five commands to two persons:

     Sit down!   <u>Sett dere!</u>

     Help yourselves to the food! <u>Forsyn dere av maten!</u>

     Get up!   <u>Reis dere!</u>

     Take it easy!   <u>Ta det med ro!</u>

C. <u>Oversett på to måter</u>. Translate 'want' two ways:

   1. Do you want a little chocolate sauce?

     <u>Vil du ha litt sjokoladesaus?</u>

     <u>Har du lyst på litt sjokoladesaus?</u>

   2. The guests wanted to taste the waffles.

     <u>Gjestene ville gjerne smake på vaflene.</u>

     <u>Gjestene hadde lyst til å smake på vaflene.</u>

D. <u>Sett inn 'all', 'alt' eller 'alle'</u>:

   1. <u>Alle</u> studentene kan snakke litt norsk nå.

   2. De skal gjøre <u>alt</u> arbeidet og spise <u>all</u> maten.

   3. <u>Alle</u> sa at maten var god.

   4. Hun hadde lyst til å kjøpe <u>alt</u> hun så i butikkene.

   5. Vi ville gjerne spise <u>alt</u> vi så på spisekartet.

   6. <u>Alle</u> var svært hyggelige mot meg.

E. <u>Sett inn det modale hjelpeverbet i parentes</u>:
(Insert the modal auxiliary and make any changes necessary.)

   1. Vi tok ikke båten ut til Bygdøy. (kunne)

     <u>Vi kunne ikke ta båten ut til Bygdøy.</u>

   2. De gikk hele veien til byen. (måtte)

     <u>De måtte gå hele veien til byen.</u>

   3. Han kom hjem på fredag. (ville)

     <u>Han ville komme hjem på fredag.</u>

   4. Hun sov på golvet. (skulle)

     <u>Hun skulle sove på golvet.</u>

   5. Spiste dere på en restaurant? (fikk)

     <u>Fikk dere spise på en restaurant?</u>

F. <u>Sett inn den riktige formen av 'snill'</u>:

   1. Det var <u>snilt</u> av deg å gjøre det.

   2. Vi har mange <u>snille</u> naboer.

   3. Han var en svært <u>snill</u> mann.

G. Sett inn den riktige formen av verbet:

1. Vertinnen sa til meg: "Vær så god og _sett deg_ .
                                          (å sette seg)

2. Du må _reise deg_ når kongen kommer. (å reise seg)

3. Han har _kommet_ for _snakke_ med deg. (å komme/å snakke)

4. Vi ville _forsyne oss_ av maten, men de andre _var_

    ikke der ennå. (å forsyne seg / å være)

5. Hun _tok_ mange bilder mens hun var i utlandet. (å ta)

6. Jeg _leser_ boka nå, men du kan _lese_ den etterpå. (å lese)

H. Oversett til norsk:

1. We sit down at the table, help ourselves to the food,
    eat, get up from the table and thank the hostess for the food.
    Vi setter oss ved bordet, forsyner oss av maten,
    spiser, reiser oss fra bordet og takker vertinnen for maten.

2. The hostess had to serve the soup in the kitchen.
    Vertinnen måtte servere suppen på kjøkkenet.

3. The host was going to have ice cream for dessert.
    Verten skulle ha is til dessert.

4. It doesn't matter now.
    Det spiller ingen rolle nå.

5. Let's do the dishes.
    La oss vaske opp.

6. You (pl) may go to the movies afterwards.
    Dere får gå på kino etterpå.

7. Have the guests ordered dinner yet?
    Har gjestene bestilt middag ennå?

8. They wanted to order, but they didn't see the waiter.
    De ville gjerne bestille, men de så ikke kelneren.
    (De hadde lyst til å bestille...)

13. prøve (16. kapittel)

Navn _____
Dato _____

I. Muntlig

A. <u>Diktat</u> (or <u>Lesestykke</u>) (New words are underlined.)

Solveig selger fisk på det store torget i byen. Hun møter fiskeren på brygga hver morgen klokka åtte og får fisken av ham. Hun legger den på et lite bord i sentrum av torget, og begynner å <u>se</u> seg omkring <u>etter</u> <u>kunder</u>. Hun liker å snakke med menneskene. Mange turister kommer i dag. De ser på den ferske fisken og sier den ser god ut. De tar også bilder av Solveig med fisken og den blå fjorden i <u>bakgrunnen</u>. Solveig sier at det er hyggelig å arbeide her når været er varmt, men når det blir kaldt, har hun lyst til å få en jobb i en varm butikk.

B. <u>Spørsmål</u>

1. What is Solveig's job?

2. Where does she get the fish?

3. Why does she like the job?

4. What do the tourists do?

5. Does Solveig always like her job? Explain.

C. <u>Fortell</u> om hva du ser: You will see some objects and be given adjectives to describe them. Put the two together. Use the definite form:

1. (ruler)   long   den lange linjalen

2. (walls)   white   de hvite veggene

3. (orange)   juicy   den saftige appelsinen

4. (clothes) warm   de varme klærne

5. (window)   large   det store vinduet

6. (pencils) yellow   de gule blyantene

D. Spørsmål. Skriv det du hører på norsk og svar på spørsmålene:

    1. Hvor ligger Bergen?

    2. Hvorfor kaller vi den "Byen mellom fjellene"?

    3. Hvorfor kaller vi den "Byen med paraplyen"?

    4. Hvem var Edvard Grieg og hva gjorde han?

    5. Hva er Fløybanen? (Bruk 'som' i svaret.)

E. Den bestemte formen av adjektivet. You will be told that the teacher has something. You will say you don't see it.

Diktat	Studentene skriver
1. Jeg har en blå paraply.	Jeg ser ikke den blå paraplyen din.
2. Jeg har et stort akvarium.	Jeg ser ikke det store akvariet ditt.
3. Jeg har ei vakke hytte.	Jeg ser ikke den vakre hytta di.
4. Jeg har noen deilige bananer.	Jeg ser ikke de deilige bananene dine.
5. Jeg har ei gammel flaske.	Jeg ser ikke den gamle flaska di.
6. Jeg har et flott hus.	Jeg ser ikke det flotte huset ditt.
7. Jeg har noen ferkse vafler.	Jeg ser ikke de ferske vaflene dine.
8. Jeg har en grå stein.	Jeg ser ikke den grå steinen din.

II. Skriftlig.

A. Svar på spørsmålene. Answer the questions with the appropriate subject and the correct verb tense.

    1. Hva gjorde du?   Jeg tok mange gode bilder.
                                    (å ta mange gode bilder)

    2. Hva har dere gjort?   Vi har skrevet de lange brevene.
                                    (å skrive de lange brevene)

    3. Hva gjør du?   Jeg har det hyggelig.
                                    (å ha det hyggelig)

    4. Hva liker dere å gjøre?   Vi liker å se oss omkring i byen.
                                    (å se seg omkring i byen)

B. <u>Spørsmål</u>

   1. Hva gjør du nå?

   2. Hva gjorde du i går? (Begynn svaret med "I går...")

   3. Hva skal du gjøre seinere i dag?

   4. Hva har du lyst til å gjøre etter timen? (Begynn svaret
                                    med "Etter timen...")

C. <u>Adjektiv.</u> Oversett til norsk:

   1. the pretty colors <u>   de pene fargene   </u>

   2. long trains <u>   lange tog   </u>

   3. the long trains<u>   de lange togene   </u>

   4. a German play <u>   et tysk skuespill   </u>

   5. German composers <u>   tyske komponister   </u>

   6. a gray house <u>   et grått hus   </u>

   7. the strange song <u>   en rar sang   </u>

   8. a strong roof <u>   et sterkt tak   </u>

   9. the beautiful church <u> den vakre kirken   </u>

  10. the fantastic view <u> den fantastiske utsikten </u>

  11. the good pictures <u> de gode bildene   </u>

  12. the blue sky <u>   den blå himmelen   </u>

D. <u>Sett inn den riktige formen av 'liten':</u>

   1. Vi tok et <u> lite </u> tog til toppen av fjellet.

   2. Det <u> lille </u> toget gikk til toppen av fjellet.

   3. Hva gjør alle de <u> små </u> barna der borte?

   4. Har turistene tatt den <u> lille </u> båten ut til Bygdøy?

   5. Huset de bor i er svært <u> lite </u>.

   6. Men familien deres er også svært <u> liten </u>.

   7. Hva er den <u> lille </u> hytta vi ser der nede?

   8. Grieg skrev mange av komposisjonene sine i ei <u> lita </u> hytte.

E. <u>Gi de fire formene av verbene her:</u>

		infinitiv	presens	imperfektum	perfektum
1.	to write	å skrive	skriver	skrev	har skrevet
2.	to stand	å stå	står	stod	har stått
3.	to understand	å forstå	forstår	forstod	har forstått
4.	to do	å gjøre	gjør	gjorde	har gjort

F. <u>Oversett til norsk:</u>

1. The church originally stood in Fortun.

   <u>Kirken stod opprinnelig på Fortun.</u>

2. It (referring to the church) never has stood in Sogn.

   <u>Den har aldri stått på Sogn.</u>

3. Henrik Ibsen wrote many famous plays.

   <u>Henrik Ibsen skrev mange berømte skuespill.</u>

4. Edvard Grieg has written the beautiful music to Peer Gynt, which is one of Ibsen's plays.

   <u>Edvard Grieg har skrevet den vakre musikken til "Peer Gynt", som er ett av skuespillene til Ibsen.</u>

5. I have never understood the long book that is lying on the desk over there.

   <u>Jeg har aldri forstått den lange boka som ligger på skrivebordet der borte.</u>

6. Now she is going to show us some of her best pictures.

   <u>Nå skal hun vise oss noen av de beste bildene sine.</u>

G. <u>Sett inn de riktige ordene:</u>

1. Kari er 19 og Solveig er 18.   Solveig er <u>ikke så gammel</u> som Kari.

2. Kari er 19 og Svein er 19.   Kari er <u>like gammel som</u> Svein.

3. Hvor gammel er du?   _____

4. Make a statement about your age in relationship to Svein's.

   _____

H. <u>Skriv de andre tre formene av ordene her:</u>

1. en fisker   <u>fiskere</u>

  <u>fiskeren</u>   <u>fiskerne</u>   Hva betyr det?
                                     <u>a fisherman</u>

2. en bergenser   <u>bergensere</u>

  <u>bergenseren</u>   <u>bergenserne</u>   Hva betyr det?
                                     <u>a person from Bergen</u>

I. <u>Oversett til norsk:</u>

1. The students look tired.

    <u>Studentene ser trøtte ut.</u>

2. The train looks old.

    <u>Toget ser gammelt ut.</u>

3. The fresh fruit looked delicious.

    <u>Den ferske frukten så deilig ut.</u>

4. The children looked hungry.

    <u>Barna så sultne ut.</u>

J. <u>Sett inn det riktige ordet for 'that':</u>

1. Jeg håper <u>at</u> vi ser fiskerne <u>som</u> selger den
    ferske fisken.

2. Jeg tror <u>at</u> <u>det</u> er det lille toget <u>som</u> går til
    toppen av fjellet.

3. Jeg vet <u>at</u> vi skulle gjøre <u>det</u> til gutten <u>som</u>
    sa <u>det</u>.

4. Jeg tror <u>at</u> <u>det</u> er filmen <u>som</u> han så i går.

K. <u>Oversett til norsk:</u>

1. my little house <u>det lille huset mitt</u>

2. your interesting book <u>den interessante boka di</u>

3. our old umbrella <u>den gamle paraplyen vår</u>

4. Svein's new piano <u>det nye pianoet til Svein</u>

5. their little graves <u>de små gravene deres</u>

14. prøve (17. kapittel)

Navn _____
Dag _____
Dato _____

I. <u>Muntlig</u>

    A. <u>Diktat</u>. Skriv det du hører på norsk.

       1. De reiser ofte til Norge.

       2. Forteller han mange morsomme historier?

       3. Jeg setter meg ved bordet og forsyner meg.

       4. Han spiller alltid   gitaren sin.

       5. De vil gjerne betale regningen og gå.

       6. Vi må kjøpe frimerker for vi skal sende noen brev.

    B. <u>Skriv setningene i 'A' i imperfektum</u>:

       1. De reiste ofte til Norge.

       2. Fortalte han mange morsomme historier?

       3. Jeg satte meg ved bordet og forsynte meg.

       4. Han spilte alltid   gitaren sin.

       5. De ville gjerne betale regningen og gå.

       6. Vi måtte kjøpe frimerker for vi skulle sende noen brev.

    C. <u>Diktat</u>. Skriv det du hører på norsk:

       1. Gjestene bestiller middag.

       2. Vi ser ikke kelneren.

       3. Hun selger ofte bildene sine.

       4. Jeg forstår det ikke.

       5. Han skriver aldri til foreldrene sine.

       6. Vi kjøper alltid melk i den lille butikken der borte.

D. Skriv setningene i C i perfektum:

1. Gjestene har bestilt middag.

2. Vi har ikke sett kelneren.

3. Hun har ofte solgt bildene sine.

4. Jeg har ikke forstått det.

5. Han har aldri skrevet til foreldrene sine.

6. Vi har alltid kjøpt melk i den lille butikken der borte.

E. Spørsmål. Skriv det du hører på norsk og svar på spørsmålene.

1. Når pleier du å stå opp om morgenen?

2. Når stod du opp i morges? (Sett 'I morges...' først i
                               svaret.)

3. Hadde du god tid eller måtte du skynde deg i dag tidlig?

4. Når pleier du å lese leksene dine?

5. Når pleier du å legge deg om kvelden?

6. Hva skal du gjøre i ettermiddag? (Sett 'I ettermiddag...'
                                       først i svaret.)

II. Skriftlig

A. Når går togene? Convert the times to the 12-hour oral system
    and indicate - in Norwegian - whether it is in the morning,
    afternoon, evening or at night.

15.45	kvart på fire om ettermiddagen
8.10	ti over åtte om morgenen (om formiddagen)
20.35	fem over halv ni om kvelden
3.25	fem på halv fire om morgenen (om natten)
18.30	halv sju om kvelden (om ettermiddagen)

B. Oversett til norsk. Express the possessive two ways, placing the possessor a) before and b) after the object owned:

1. your clock _____ di klokke _____ klokka di
2. my job _____ min jobb _____ jobben min
3. her books _____ hennes bøker _____ bøkene hennes
4. our old house ___ vårt gamle hus _____ det gamle huset vårt
5. their new bathroom deres nye bad ____ det nye badet deres
6. Rolf's guitar _____ Rolfs gitar _____ gitaren til Rolf
7. Liv's long letters Livs lange brev ___ de lange brevene
    til Liv
8. his hungry children hans sultne barn __ de sultne barna hans

C. Sett inn de riktige tidsuttrykkene:

1. Det kan være varmt __om ettermiddagen_____ , men kaldt
    _om kvelden____
    (in the evening)
    (in the afternoon)

2. Han stod opp tidlig _i morges____ , og i morgen tidlig_____
    (this morning)   (tomorrow morning)

    skal han reise til Norge.

3. Naboene våre har vært borte _hele uken_____.
    (all week)

4. Hva gjorde dere _i går kveld_____?
    (yesterday evening)

5. Hvor vil dere sove _i natt_____?
    (tonight)

6. Sov du godt _i natt_____?
    (last night)

7. De var i Norge _i fjor____ , men _i år____ skal de
    (last year)   (this year)

    bo i Italia.

8. Hva skal vi gjøre _i kveld_____?
    (this evening)

9. Hva har du gjort _hele dagen_____?
    (all day)

10. Må du lese norsk _i ettermiddag_____?
    (this afternoon)

D. **Tidsutrykk.** Sett inn de riktige ordene og skriv også ut tallene:

    1. De har vært her _____ i fem dager _____ .
                                (for five days)

    2. Vi har ikke sett dem _____ på fem måneder _____ .
                                  (for four months)

    3. Vi så på danserne _____ i tre timer _____ .
                              (for three hours)

    4. Hun skal besøke slektningene sine _____ om åtte uker _____ .
                                  (in eight weeks)

    5. Han begynte å gå på skole _____ for tolv år siden _____ .
                                  (twelve years ago)

    6. Vi ser dem ikke ofte. Vi ser dem bare _____ av og til _____ .
                                  (now and then)

E. **Sett inn det riktige ordet:**

    1. Hvor mange _____ ganger _____ har du sett filmen?
                     (times)

    2. Hvor mange _____ timer _____ pleier du å lese hver dag?
                     (hours)

    3. Jeg må skynde meg. Jeg har dårlig _____ tid _____ .
                                      (time)

F. **Spørsmål**

    1. Hva pleier du å gjøre om kvelden? (Sett 'Om kvelden...
                                           først i svaret.)

    2. Når skal du legge deg i kveld? (Sett 'I kveld...'
                                         først i svaret.)

    3. Hvor lenge har du vært student? (For how many years or
                                         months?)

    4. Når ble du student? (How long ago?)

    5. Når skal du bli ferdig her på skolen? (In how many years
                                         or months?)

    6. Når slutter timen? (In how many minutes?)

G. Hva er det motsatte av:

   1. ledig _____ opptatt _____

   2. å ha dårlig tid ___ å ha god tid _____

   3. tidlig _____ seint _____

   4. å ta det med ro ___ å skynde seg _____

   5. å komme for seint ___ å komme tidsnok ___

H. Sett inn de riktige ordene:

   1. Bestemor kom til Amerika __da__ hun var 17 år gammel.
                                (when)

   2. __Da__ forstod hun ikke mye engelsk.
      (Then)

   3. Hun var i Ohio i tre år og __så__ reiste hun til Iowa.
                                   (then)

   4. Hva skal du gjøre __når__ du kommer til Oslo?
                         (when)

   5. __Når__ reiste han?
      (When)

   6. Jeg stod opp (først). __Så gikk jeg til skolen__.
                             (Then I went to school)

   7. Jeg hadde lyst til å gå på kino, så jeg ringte til noen venner.
                                      (so I called some friends)

   8. Jeg stod opp klokka seks i morges. __Da skinte sola__.
                                          (Then the sun was shining.)

   9. De hørte meg ikke __da jeg kom hjem__ i går kveld.
                         (when I came home)

   10. Jeg har det alltid hyggelig __når jeg er__ hos dem.
                                    (when I am)

I. Oversett til norsk:

   1. I'm hurrying so you must hurry too. Hurry!
       __Jeg skynder meg så du må skynde deg også. Skynd deg!__

   2. How much did you pay for the hot dogs?
       __Hvor mye betalte du for pølsene?__

   3. He told about his trip to Norway.
       __Han fortalte om sin tur til Norge.__

J. <u>Sett inn den riktige formen av det riktige verbet:</u>

1. De ___<u>reiste</u>___ til Norge i fjor.
       (traveled)

2. Har dere ___<u>solgt</u>___ huset ennå?
            (sold)

3. Hun ___<u>begynte å fortelle</u>___ historien igjen.
        (began to tell)

4. De ___<u>tente bålet</u>___ da alle gjestene var der.
       (lit the bonfire)

5. Gjestene ___<u>satte seg</u>___ ved bordet og ___<u>forsynte seg</u>___
            (sat down)   (helped themselves)
   av maten.

6. Verten ___<u>smilte</u>___ og ___<u>sa</u>___ :"Velkommen til bords."
          (smiled)   (said)

7. Vi ___<u>spiste</u>___ , ___<u>drakk</u>___ , ___<u>sang</u>___ og ___<u>hadde</u>___ det hyggelig.
       (ate)   (drank)   (sang)   (had)

8. Jeg ___<u>glemte</u>___ å se på klokka, og det ___<u>begynte</u>___
       (forgot)   (began)

   ___<u>å bli</u>___ seint.
   (to get/become)

9. Hun ___<u>kjente</u>___ alle gjestene, så det ___<u>spilte</u>___ ingen rolle
        (knew)   (played)

   at hun ___<u>kom</u>___ så seint.
           (came)

10. Jeg ___<u>spurte</u>___ om de andre gjestene.
         (asked)

K. <u>Substantiv- og verb-former:</u>

1. Hva heter det i flertall? en natt, to ___<u>netter</u>___ .

2. Skriv de fire formene av 'to know'(a fact):
                                    <u>å vite - vet - visste - har visst</u>

3. Skriv de fire formene av 'to sing':
                                    <u>å synge-synger-sang-har sunget</u>
   Er det et svakt eller et sterkt verb? ___<u>sterkt</u>___

4. Skriv de fire formene av 'to sail':
                                    <u>å seile-seiler-seilte-har seilt</u>
   Er det et svakt eller et sterkt verb? ___<u>svakt</u>___

15. prøve (18. kapittel)

Navn _____
Dag _____
Dato _____

I. Muntlig

A. Diktat (eller Lesestykke)   (New words are underlined.)

I fjor sommer reiste Rolf og Marit til Vestlandet. De tok toget fra Oslo til Bergen, og der bodde de hos noen venner i fem dager. De var heldige med været i Bergen, det regnet ikke og sola skinte varmt. De seilte og spilte tennis nesten døgnet rundt. Noen kvelder gikk de ut og spiste og danset på en restaurant. Etterpå, når de kom hjem til vennene sine, ble de ofte lenge oppe. De snakket og fortalte om alt som hadde skjedd siden de hadde sett hverandre sist. Men en morgen da de våknet, sukket både Rolf og Marit. Det var dagen de måtte reise tilbake til Oslo. Det var litt trist, for de visste at det ville bli lenge før de igjen hadde råd til å besøke de gode vennene sine i Bergen.

B. Bøy verbene. Det er 22 verb i alt. (Dette inkluderer ikke modale hjelpeverb.) Finn verbene og skriv de fire formene av hvert verb:

	infinitiv	presens	imperfektum	perfektum
1.	å reise	reiser	reiste	har reist
2.	å ta	tar	tok	har tatt
3.	å bo	bor	bodde	har bodd
4.	å være	er	var	har vært
5.	å regne	regner	regnet	har regnet
6.	å skinne	skinner	skinte	har skint
7.	å seile	seiler	seilte	har seilt
8.	å spille	spiller	spilte	har spilt
9.	å gå	går	gikk	har gått
10.	å spise	spiser	spiste	har spist
11.	å danse	danser	danset	har danset
12.	å komme	kommer	kom	har kommet
13.	å bli	blir	ble	har blitt
14.	å snakke	snakker	snakket	har snakket
15.	å fortelle	forteller	fortalte	har fortalt
16.	å skje	skjer	skjedde	har skjedd
17.	å ha	har	hadde	har hatt
18.	å se	ser	så	har sett
19.	å våkne	våkner	våknet	har våknet
20.	å sukke	sukker	sukket	har sukket
21.	å vite	vet	visste	har visst
22.	å besøke	besøker	besøkte	har besøkt

C. <u>Diktat</u>. Skriv det du hører på norsk:

1. Jeg vet ikke hva det betyr.

2. Hun deler leiligheten med fire andre jenter.

3. De drar til byen hver onsdag.

4. Vi eier ikke bil eller båt.

5. Han gir gaven til moren sin.

6. Hvor klipper du håret?

7. Pleier dere å spise frokost hjemme?

8. Jeg våkner og ser meg omkring.

D. <u>Skriv setningene i C i imperfektum</u>:

1. Jeg visste ikke hva det betydde.

2. Hun delte leiligheten med fire andre jenter.

3. De drog til byen hver onsdag.

4. Vi eide ikke bil eller båt.

5. Han gav gaven til moren sin.

6. Hvor klippet du håret?

7. Pleide dere å spise frokost hjemme?

8. Jeg våknet og så meg omkring.

E. <u>Diktat</u>: Skriv det du hører og svar på spørsmålene:

1. Har du råd til å reise mye?

2. Hvor pleier du å lese leksene dine -- på biblioteket eller på værelset ditt?

3. Hvor leser studentene som studerer ved universitetet i Oslo?

4. Skal du til Norge i sommer?

5. Hvor skal du etter timen i dag?

II. Skriftlig

A. Hva heter det på norsk? (Be sure to indicate whether
en, ei or et.)

1. Stedet hvor en kjøper frimerker og
sender brev.

___et postkontor___

2. Stedet hvor en kjøper bøker,
blyanter, papir, penner, osv.

___en bokhandel___

3. Stedet hvor en låner og leser
bøker.

___et bibliotek___

4. Stedet hvor man kjøper (men ikke
spiser) mat, kjøtt, kaffe, osv.

___en kolonial___

5. Stedet hvor en kjøper tog-, fly-
båt-, buss- og andre billetter.

___et reisebyrå___

6. Stedet hvor en klipper håret.

___en frisør___

B. Sett inn den riktige formen av det riktige verbet:

1. Vi ___trodde___ ham ikke da han ___sa___ det.
   (believed)   (said)

2. Hun ___visste___ ikke at vi allerede hadde ___gjort___ arbeidet.
   (knew)   (done)

3. Hva ___skjedde___ da de ___så___ bilen?
   (happened)   (saw)

4. Har du noen gang ___melket___ ei ku eller ___arbeidet___ på en gård?
   (milked)   (worked)

5. Studentene ___glemte___ ikke å lære verbene.
   (forgot)

6. De ___har prøvd___ ___å ringe___ til oss mange ganger.
   (have tried)   (to call/phone)

7. Reidar ___gledet seg til___ et stort glass øl.
   (was looking forward to)

8. Det ___var___ svært varmt så de ___hadde åpnet___
   (was)   (had opened)
   alle vinduene.

9. Eksamenen ___hadde vart___ i mange timer.
   (had lasted)

10. Vi ___hadde kledd på oss___ og ___spist___ før de kom.
    (had gotten dressed)   (eaten)

C. Oversett til norsk. (Leave out the verb of motion if possible.)

1. Are you going to the lecture this evening?
   Skal du på forelesningen i kveld?

2. They had to go home an hour ago.
   De måtte hjem for en time siden.

3. I wanted to go down there, too.
   Jeg ville også dit ned.

4. She went in there.
   Hun gikk dit inn.

5. Our neighbors want to go to Norway.
   Naboene våre vil gjerne til Norge.

6. Do you have to go to the library after class?
   Må du til biblioteket etter timen?

7. Do they have to go away soon?
   Må de bort snart?

8. Can you walk there or do you have to take the bus?
   Kan du gå dit eller må du ta bussen?

D. Oversett til norsk:

1. American students study many different subjects every semester.
   Amerikanske studenter studerer mange forskjellige fag hvert semester.

2. Where is the enormous cafeteria you told me about?
   Hvor er den enorme kafeteriaen du fortalte meg om?

3. Could they afford the new house?
   Hadde de råd til det nye huset?

4. How much did their new car cost?
   Hvor mye kostet den nye bilen deres?

5. Has she bought her own apartment now?
   Har hun kjøpt sin egen leilighet nå?

6. Was the examination easy or difficult?
   Var eksamenen lett eller vanskelig?

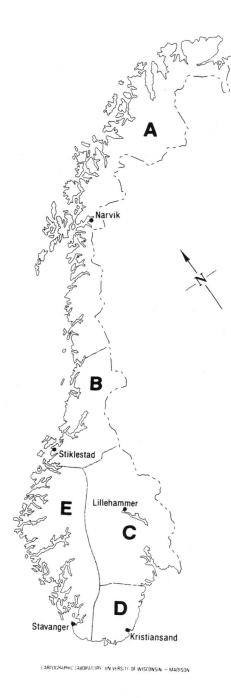

CARTOGRAPHIC LABORATORY UNIVERSITY OF WISCONSIN – MADISON

E. Spørsmål
    (Se på kartet og svar på spørsmålene:)

    1. Hva heter de fem landsdelene?

        A. ___Nord-Norge___

        B. ___Trøndelag___

        C. ___Østlandet___

        D. ___Sørlandet___

        E. ___Vestlandet___

    2. Hvor (i hvilken landsdel) ligger:
        (Be sure to give the correct
        preposition - i or på in your
        answer.)

        a) Kristiansand
                ___Kristiansand ligger på___
        b) Stavanger   ___Sørlandet.___
                ___Stavanger ligger på___
        c) Stiklestad   ___Vestlandet.___
                ___Stiklestad ligger i___
        d) Narvik   ___Trøndelag.___
                ___Narvik ligger i Nord-Norge.___
        e) Lillehammer
                ___Lillehammer ligger på___
                ___Østlandet.___

    3. Hvor mange universiteter er det
        i Norge?
                ___Det er fire universiteter.___

    4. Hvilke byer er universitetene i?
                ___Universitetene er i___
                ___Oslo, Bergen, Trondheim___
                ___og Tromsø.___

16. prøve (19. kapittel)

Navn _____
Dag _____
Dato _____

I. Muntlig

A. Diktat (or Lesestykke)

Bestefars besøk

Bestefar besøker oss. Han kommer fra Norge på fredag og skal være her i tre uker. Han kan ikke snakke engelsk, så vi må skynde oss og pusse opp norsken vår. Vi bruker ei ordbok for å finne nye ord, og vi leser norske bøker og skriver brev til ham på norsk. Vi liker godt å gjøre det. Det er morsomt og vi lærer mye. Vi har det svært hyggelig, og vi gleder oss til bestefars besøk.

B. Skriv diktaten om til imperfektum:

Bestefar besøkte oss. Han kom fra Norge på fredag og skulle være her i tre uker. Han kunne ikke snakke engelsk, så vi måtte skynde oss og pusse opp norsken vår. Vi brukte ei ordbok for å finne nye ord, og vi leste norske bøker og skrev brev til ham på norsk. Vi likte godt å gjøre det. Det var morsomt, og vi lærte mye. Vi hadde det svært hyggelig, og vi gledet oss til bestefars besøk.

C. Spørsmål. Skriv det du hører på norsk og svar på spørsmålene:

1. Bruker du fløte eller sukker i kaffen?

2. Hva er du glad i?

3. Hva er du glad i å gjøre?

4. Hva gleder du deg til å gjøre i sommer?

5. Hva pleier du å gjøre i helgen?

6. Kjører du bil?

D. <u>Skriv det du hører på norsk</u>. Sett strek under alle adverbene.

1. Hun bruker <u>alltid</u> fløte i kaffen.

2. Bløtkaka smakte <u>svært</u> <u>godt</u>.

3. De stod <u>opp</u> <u>tidlig</u> i går morges.

4. Han har en god jobb og han liker den <u>godt</u>.

5. Vi kommer <u>gjerne</u> på søndag, vi.

6. Tiden går <u>for</u> <u>fort</u>.

7. Jeg spiser <u>ofte</u> forkost i byen.

8. Spiste dere <u>for</u> <u>mye</u> <u>igjen</u>?

II. <u>Skriftlig</u>

A. <u>En telefonsamtale</u>. Hva sier vi på norsk?

1. How would you answer the phone if it rang at your house?
    "Hallo, <u>det er hos...</u>"

2. How would you thank someone for an invitation?
    "<u>Tusen takk for innbydelsen</u>."

3. How would you say 'you're welcome' in the sense of 'it's nothing'?
    "<u>Ingen årsak</u>"

4. How would you say 'good-bye' at the end of the conversation?
    "<u>Morn da</u>."

B. <u>Adverb og adjektiv</u>. Sett inn den riktige formen av ordet i <u>parentes og si om det er et adverb eller et adjektiv</u>:

Adjektiv eller adverb?

1. Den lille jenta snakket <u>pent</u>.   <u>adverb</u>
    (pen)
2. Barnet var svært <u>pent</u>.   <u>adjektiv</u>
    (pen)
3. Hun er bare ei <u>lita</u> jente.   <u>adjektiv</u>
    (liten)
4. Den <u>varme</u> sola skinte <u>varmt</u>.   <u>adjektiv</u>
    (varm)   (varm)   <u>adverb</u>
5. Tjener du <u>godt</u> på jobben din?   <u>adverb</u>
    (god)
6. Ja, det er en svært <u>god</u> jobb.   <u>adjektiv</u>
    (god)
7. De er <u>hyggelige</u> mennesker.   <u>adjektiv</u>
    (hyggelig)
8. Vi har det alltid <u>hyggelig</u> hos dem.   <u>adverb</u>
    (hyggelig)

Adjektiv eller adverb?

9. Vi gikk en svært ___lang___ tur i går.
   (lang)
   ___adjektiv___

10. Vi gikk svært ___langt___.
    (lang)
    ___adverb___

11. Det var en ___vakker___ sang.
    (vakker)
    ___adjektiv___

12. Hun sang den ___vakkert___.
    (vakker)
    ___adverb___

C. Oversett til norsk:

I like the taste very much. ___Jeg liker smaken svært godt.___

D. Sett inn det riktige ordet for 'if':

1. Jeg vet ikke ___om___ han er her i dag.

2. Hva skal vi gjøre ___hvis___ de kommer for seint?

3. Hun har ikke lyst til å reise ___hvis___ været er dårlig.

4. Han spurte ___om___ du var der.

5. De visste ikke ___om___ de skulle sitte eller stå.

E. Sett inn det riktige ordet for 'long':

1. Hvor ___lenge___ bodde dere i Norge?

2. Turistene tok en ___lang___ tur med båten.

3. De reiste ___langt___ og var borte ___lenge___.

4. Det er ___langt___ å gå fra skolen til byen.

5. Har studentene lest den ___lange___ boka ennå?

6. Hun pleier å skrive mange ___lange___ brev hver dag.

F. Oversett til norsk:

1. The guests tasted the cake.
   ___Gjestene smakte på kaka.___

2. It (referring to the cake) was good, and it tasted good.
   ___Den var god, og den smakte godt.___

3. I have known her a long time.
   ___Jeg har kjent henne lenge.___

4. We didn't know how long the table was.

    Vi visste ikke hvor langt bordet var.

5. Norvik is fond of his children.

    Norvik er glad i barna sine.

6. Bakke is fond of sitting outside when the weather is good.

    Bakke er glad i å sitte ute når været er godt.

7. Mr. and Mrs. Norvik have been married for eighteen years.

    Herr og fru Norvik har vært gift i atten år.

8. They haven't seen the Bakke family for many weeks.

    De har ikke sett familien Bakke på mange uker.

9. They are going to visit them in three days.

    De skal besøke dem om tre dager.

10. Bakke is looking forward to their visit.

    Bakke gleder seg til deres besøk.

17. prøve (20. kapittel)

Navn _____
Dag _____
Dato _____

I. Muntlig

A. Diktat (Lesestykke)[1] (New words are underlined.)

Arne og Kari skulle ut og handle. Det var lørdag, og de trengte litt mat. Den kvelden skulle de få gjester, så de måtte kjøpe brød, litt ost, pålegg, frukt og noe å drikke.

Først gikk de ned til sentrum. Været var pent, og de tok det med ro. Bakeriet var stengt, så de gikk inn i kolonialen. Der kunne de kjøpe alt de måtte ha.

"Det blir ni og femti kroner," sa kassadamen. Hun var en hyggelig dame og bare smilte da hun så at Arne og Kari hadde glemt pengene sine.

"Dere har god tid," sa hun. "Butikkene er åpne et par timer til. Hvis dere skynder dere, kan dere være tilbake før de stenger.

"Søren!" tenkte Arne. "Vi skulle ha vært hjemme for en halv time siden. Gjestene kommer om tre timer. "

Han sprang så fort han kunne, mens Kari ventet på ham i kolonialen. Endelig kom han tilbake.

"Jeg kunne ha sprunget mye fortere," sa Kari. "Hvor har du vært? Hvorfor tok du så lang tid?"

Arne så på henne, men sa ikke et ord.

"Det blir fem og seksti kroner," sa kassadamen. "Prisene har gått opp siden du var her sist."

Arne sukket og falt på golvet. Kari måtte bære både maten og Arne hjem.

[1] With the permission of Harley Refsal, Luther College.

B. Spørsmål

1. Why were Arne and Kari out shopping?

2. Where did they go and what did they buy?

3. How much did it come to (the first time)?

4. What embarassing situation arose?

5. Why was it particularly irritating on this occasion?

6. What had happened by the time Arne got back?

C. Tall (You will hear some prices given in the older counting
    system. Write the number you hear as it is given, then write
    it in figures and then spell it in the newer system:

    1. nitten fem og tyve   19.25 nitten tjuefem

    2. ni og åtti tre og førti   89.43 åttini førtitre

    3. syv og femti nitti   57.90 femtisju nitti

    4. seks og tredve fem og sytti   36.75 trettiseks syttifem

    5. hundre og syv fem og seksti   107.65 hundre og sju sekstifem

II. Skriftlig

A. Spørsmål

1. Du er i en butikk og ekspeditøren kommer bort til deg og
    sier: "Vær så god." Du vet ikke hva du trenger eller hva
    du vil kjøpe, du har bare lyst til å se hva de har.
    Hva sier du?

        Jeg bare titter, takk. (Jeg skulle bare titte litt.)

2. Du er i en butikk og snakker med ekspeditrisen. Hvordan
    ville du bestille disse tingene? (Skriv ut tallene også.)

tjue teposer	(20 teabags)
et(ett) kilo kaffe	(1 kilogram of coffee)
brød	(bread)
Jeg skulle ha en liter melk	(1 liter of milk)
en boks suppe	(a can of soup)
syltetøy	(jam)
såpe	(soap)
tannkrem	(toothpaste)

B. <u>Påpekende pronomener</u>.Oversett til norsk:

   1. this meat _____ dette kjøttet _____

   2. that store _____ den butikken _____

   3. this clerk _____ denne ekspeditøren _____

   4. that customer _____ den kunden _____

   5. those vegetables _____ de grønnsakene _____

   6. these meatcakes_____ disse kjøttkakene _____

   7. this bakery _____ dette bakeriet _____

   8. that head of cabbage _____ det kålhodet _____

C. <u>Oversett til norsk</u>:

   1. a red apple _____ et rødt eple _____ (et eple)

   2. the red apple _____ det røde eplet _____

   3. an expensive car _____ en dyr bil _____ (en bil)

   4. my expensive car _____ den dyre bilen min _____
      (two ways)
                        min dyre bil _____

   5. an open widow _____ et åpent vindu _____ (et vindu)

   6. that open window _____ det åpne vinduet _____

   7. a tall building _____ en høy bygning _____ (en bygning)

   8. this tall building _____ denne høye bygningen _____

D. <u>Verb</u>. Gi de fire formene av disse verbene og si om verbet er
   <u>sterkt</u> eller <u>svakt</u>:

	infinitiv	presens	imperfektum	perfektum	sv/st
1. to get	å få	får	fikk	har fått	sterkt
2. to carry	å bære	bærer	bar	har båret	sterkt
3. to shop	å handle	handler	handlet	har handlet	svakt
4. to shout	å rope	roper	ropte	har ropt	svakt

E. Gradbøying.   Gradbøy disse ordene.

positiv	komparativ	superlativ
1. kald	kaldere	kaldest
2. høy	høyere	høyest
3. billig	billigere	billigst
4. deilig	deiligere	deiligst
5. stor	større	størst
6. liten	mindre	minst
7. gammel	eldre	eldst
8. ung	yngre	yngst
9. god	bedre	best
10. vakker	vakrere	vakrest
11. mye	mer	mest
12. mange	flere	flest
13. moderne	mer moderne	mest moderne
14. nær	nærmere	nærmest
15. morsom	morsommere	morsomst

F. Sett inn det riktige ordet for 'more':

1. __Flere__ og __flere__ mennesker drikker __mer__ og
    __mer__ cola.

2. Hun har vært i Norge __flere__ ganger enn jeg har.

3. Har du lyst på __flere__ småkaker eller __mer__ kaffe?

4. Du har __flere__ brødre og søstre enn jeg har.

5. Vi kunne snakke mye __mer__ om dette. Det er __flere__
    ting vi kunne si.

6. Det er __flere__ bilder på veggen i dag enn det var i går.

G. Sett inn den riktige formen av det riktige ordet:

1. Er du den ___yngste___ eller den ___eldste___ i familien?
    (ung)   (gammel)

2. Er værelset ditt ___dyrere___ enn værelset mitt?
    (dyr)

3. Familien hans er mye ___større___ enn familien vår.
    (stor)

4. Fjellene i Italia er ___høyere___ enn fjellene i Norge.
    (høy)

5. Sola skinte varmt i går, men den skinner ___varmere___ i dag.
    (varmt) (enn i går)

6. Studentene kom for seint til timen, men læreren kom
    ___seinere___ enn noen av dem.
    (seint)

7. Han er den ___sterkeste___ mannen i verden.
    (sterk)

8. Han leser ___mer___ enn meg, men jeg har sett ___flere___
    (mye)   (mange)
    filmer enn ham.

H. Oversett til norsk:

1. He is the youngest in his family.
    Han er den yngste i familien sin.

2. His brother is the oldest in the family.
    Broren hans er den eldste i familien.

3. Galdhøpiggen is one of the tallest mountains in Norway.
    Galdhøpiggen er et av de høyeste fjellene i Norge.

4. This jam is cheaper than that cheese.
    Dette syltetøyet er billigere enn den osten.

5. There were many pretty chairs in the store, but this chair is prettiest.
    Det var mange pene stoler i butikken, men denne stolen er penest.

6. The older she gets, the less she eats.
    Jo eldre hun blir, jo mindre spiser hun.

7. The more often I read Norwegian, the more I understand.
    Jo oftere jeg leser norsk, jo mer forstår jeg.

8. There was nobody there we knew.
    Det var ingen der vi kjente.

18. prøve (21. kapittel)

Navn _____
Dag _____
Dato _____

I. __Muntlig__

A. __Spørsmål__

1. Du skal til Norge. Hva skal du ta med deg?
   (You must mention at least 6 articles of clothing
   and 3 other items.)

2. Hva har du på deg i dag? (Husk å fortelle hvilke farger
   klærne har også.)

3. Har du noen gang mistet bagasjen din?

B. Hva heter det på norsk? (Some articles of clothing will be
   pointed out to you. Tell what they are called in Norwegian
   and indicate whether they are __en__, __ei__ or __et__):

1. (pull-over sweater) __en genser__

2. (pants) __bukser__

3. (jacket) __ei jakke__

4. (glove) __en hanske__

5. (skirt) __et skjørt__

6. (shirt) __ei skjorte__

7. (dress) __en kjole__

8. (sock) __en sokk__

II. __Skriftlig__

A. __Hvordan sier vi det på norsk?__ How would you express yourself
   in the following situations?

1. Asking to try something on in a store: __Får jeg prøve det?__

2. Wishing someone a pleasant journey: __God tur!__

3. Asking if you can cash a traveler's check _____

   __Får jeg veksle en reisesjekk?__

4. Telling someone that you have lost your passport _____

   __Jeg har mistet passet mitt.__

5. Telling a postal clerk you want to send a letter by airmail.

   Jeg vil gjerne sende dette brevet med luftpost.

6. Asking if you may smoke here____ _Får jeg røyke her?_ ____

7. Asking for a reserved-seat-ticket _Kan jeg få en plassbillett?_

8. Asking for a round-trip ticket to Bergen _____

   Kan jeg få en tur-retur billett til Bergen? ____

B. <u>Du snakker med et menneske du ikke kjenner.</u> Sett inn
   <u>den riktige formen -- De, Dem eller Deres:</u>

   1. Kan jeg hjelpe ____ _Dem_ ____?

   2. Hvordan staver __ _De_ __ navnet __ _Deres_ ___?

   3. Unnskyld, snakker __ _De_ __ norsk?

   4. Jeg vil gjerne snakke med ___ _Dem_ ___.

   5. Jeg tror vi har størrelsen __ _Deres_ __ der borte.

C. <u>Sett inn den riktige formen av 'lang', 'lenge' eller 'lang tid':</u>

   1. Eksamenen varte ___ _lenger_ ___ enn jeg trodde den ville.

   2. Sognefjorden er den ___ _lengste_ ___ fjorden i Norge.

   3. Dette bordet er ___ _lengre_ ___ enn det andre.

   4. Hvor ___ _lang tid_ ___ tar det å reise til Norge med fly?

   5. Hvor ___ _lenge_ ___ bodde dere i Norge?

D. <u>Oversett til norsk:</u>

   1. I like the red house better than the green one.
      Jeg liker det røde huset bedre enn det grønne.

   2. These shoes are newer than the ones I had on yesterday.
      Disse skoene er nyere enn de jeg hadde på meg i går.

   3. Tomorrow I want to lie in bed as long as possible.
      I morgen vil jeg gjerne ligge i senga så lenge som mulig.

   4. I found my boots, but I haven't found my mittens yet.
      Jeg fant støvlene mine, men jeg har ikke funnet vottene
      mine ennå.

   5. The books have lain on the desk since yesterday.
      Bøkene har ligget på skrivebordet siden i går.

E. Sett inn de riktige ordene: Assume that the possessives refer back to the subject unless otherwise indicated. When the word 'own' appears, it should be translated into Norwegian.

1. De bærer ___sin egen___ bagasje.
              (their own)

2. Bagasjen ___deres___ er svært tung.
              (their)

3. De har alle klærne ___sine___, ordboka ___si___, passet ___sitt___
                        (their)   (their)   (their)
og maten ___sin___ i bagasjen ___sin___.
           (their)   (their)

4. Klærne ___hans___ er i bagasjen ___hans___.
            (his)   (his)

5. Fru Johnson tror at bagasjen ___hennes___ er på værelset ___hennes___.
                                  (her)   (her)

6. Men herr Johnson har mistet bagasjen ___hennes___, dessverre.
                                          (her)

7. Jeg har alle klærne ___mine___ i bagasjen ___min___.
                         (my)   (my)

8. Fru Johnson måtte kjøpe mange nye klær. De nye klærne

___hennes___ kostet mange penger.
  (her)

9. Hun visste ikke om mannen ___hennes___ hadde nok penger til
                               (her)

alle de nye klærne ___hennes___.
                     (her)

10. Han sitter på ___sitt eget___ værelse og leser ___sine egne___
                    (his own)   (his own)
bøker.

F. Sett inn 'sin-si-sitt-sine' eller 'hans/hennes/deres':

Reidar og kona ___hans___ spiste frokost sammen. Reidar sa

ikke mye til kona ___si___ mens de spiste. Han tenkte på den

lange prøven ___sin___. Kona ___hans___ var også trøtt. Hun hadde

arbeidet til seint om natten. Jobben ___hennes___ var ikke lett.

Både Reidar og kona ___hans___ trengte en ferie (vacation). De gledet

seg til ___sin___ tur til Amerika. De hadde lyst til å reise og

besøke slektningene ___sine___. Slektningene ___deres___ bodde i

Washington og California. Reidars kone skulle besøke tanten ___sin___,

og Reidar skulle besøke et av søskenbarna ___sine___ i California.

Alle slektningene ___deres___ gledet seg også til at Reidar og kona

___hans___ skulle komme.

19. prøve (22. kapittel)

Navn _____
Dag _____
Dato _____

I. <u>Muntlig</u>

   A. <u>Diktat</u>

Årstidene i Decorah[1]

Decorah er et deilig sted å være om sommeren. Været
er varmt, trærne er grønne, graset er grønt og himmelen er
ofte blå og klar. Folk i Decorah er glad i naturen og de
prøver å være ute så mye som mulig. Hele året gleder de seg
til de varme, lyse dagene når de kan sykle, svømme og gå
lange turer.

Høst er også en vakker årstid i Decorah. Trærne som
var grønne om sommeren, blir da røde, gule og brune, og været
er ofte mildt og fint om høsten.

Om vinteren kan det komme mye snø, og folk går ofte på ski.
Det kan være vakkert om vinteren, men det kan også være surt og
kaldt, så folk pleier å være glade når våren endelig kommer
igjen.

   B. <u>Spørsmål</u>. Skriv det du hører på norsk og svar på spørsmålene:

     1. Hvilken årstid liker du best og hvorfor?

     2. Hva liker du å gjøre om vinteren?

     3. Hva pleier du å gjøre om sommeren?

     4. Hva skal du gjøre i sommer?

---

[1] Substitute an appropriate name.

II. Skriftlig

A. På norsk er det tre ord som betyr 'think'. Skriv de fire formene av disse tre ordene:

infinitiv	presens	imperfektum	perfektum
1. å synes	synes	syntes	har synes
2. å tro	tror	trodde	har trodd
3. å tenke	tenker	tenkte	har tenkt

B. Sett inn det riktige ordet for 'think':

1. Hva __synes__ du om været i dag?

2. Jeg __tror__ de skal til Norge i sommer.

3. Han likte henne godt. Han __syntes__ hun var hyggelig.

4. Han __tenkte__ ofte på henne etterpå.

5. Vi hadde det hyggelig. Vi __syntes__ det var en hyggelig kveld.

6. Jeg __trodde__ han hadde kommet hjem.

7. Jeg vet ikke, men jeg __tror__ det er varmt i Oslo om sommeren.

8. Jeg var i Norge i fjor sommer. Jeg __syntes__ det var varmt da.

C. Sett inn det riktige ordet for 'about':

1. Hva sitter du og tenker __på__?

2. Hva synes du __om__ byen?

3. Tenker du ofte __på__ henne?

4. Hva synes du __om__ henne?

D. Sett inn de riktige ordene:

1. Gikk du mye på ski ____i vinter____?
         (this winter)

2. Pleier du å gå lange turer ____om høsten____?
            (in the fall)

3. Har det regnet ofte ____i vår____?
          (this spring)

4. Skal du til Norge ____i sommer____?
         (this summer)

E. Oversett til norsk:

1. In Norway the nights are light in the summer.

   I Norge er nettene lyse om sommeren.

2. In the spring Norwegians like to bicycle, swim and sail.

   Om våren liker nordmenn å sykle, svømme og seile.

3. They try to be outside as much as possible.

   De prøver å være ute så mye som mulig.

4. Are you thinking about your vacation?

   Tenker du på ferien din?

5. What do you think about this idea?

   Hva synes du om denne ideen?

6. Do you think it's raining out?

   Tror du det regner ute?

7. Did you think the exam was difficult?

   Syntes du eksamenen var vanskelig?

8. We thought that this train went to Bergen.

   Vi trodde at dette toget gikk til Bergen.

9. They often thought about their trip afterwards.

   De tenkte ofte på turen sin etterpå.

10. We had thought it would be expensive, but we thought it was cheap when we heard the price.

    Vi hadde trodd det ville være dyrt, men vi syntes det var billig da vi hørte prisen.

20. prøve (23. kapittel)

Navn _____
Dag _____
Dato _____

I. Muntlig

A. Skriv det du hører på norsk. (Write the sentence you hear, then complete the sentence to the right based on that sentence.)

1. Denne mannen kjører ikke bil.　Hvor er mannen som ikke kjører bil?

2. Disse butikkene stenger aldri.　Hvor er butikkene som aldri stenger?

3. De buksene koster bare hundre kroner.　Hvor er buksene som bare koster hundre kroner?

4. Den damen har nettopp kommet fra Sverige.　Hvor er damen som nettopp har kommet fra Sverige?

5. Det værelset er alltid opptatt.　Hvor er værelset som alltid er opptatt?

B. Skriv det du hører på norsk:

1. De spiser bare fisk.　Jeg tror at de bare spiser fisk.

2. Han spiser ofte alene.　Jeg tror at han ofte spiser alene.

3. Hun var opprinnelig lege.　Jeg tror at hun opprinnelig var lege.

4. Han er vanligvis hjemme om kvelden.　Jeg tror at han vanligvis er hjemme om kvelden.

5. Hun drikker aldri alkohol.　Jeg tror at hun aldri drikker alkohol.

C. Skriv det du hører på norsk:

1. Hvorfor gjorde de det?　Jeg vet ikke hvorfor de gjorde det.

2. Hvor venter vi på ferja?　Jeg vet ikke hvor vi venter på ferja.

3. Hvor gamle er søsknene hans?　Jeg vet ikke hvor gamle søsknene hans er.

4. Hva er ei bygd?　Jeg vet ikke hva ei bygd er.

5. Når går ferjene?　Jeg vet ikke når ferjene går.

D. Spørsmål: Skriv det du hører på norsk og svar på spørsmålet.

1. Når fikk du førerkort?

2. Eier du egen bil?

3. Synes du det er godt å ha strenge lover om promillekjøring? (Hvorfor/Hvorfor ikke?)

II. <u>Skriftlig</u>

A. <u>Hovedsetninger og bisetninger</u>. Tell if the underlined portion of each sentence is a 'hovedsetning' or a 'bisetning':

1. Han er her nå, <u>men han var ikke her for en time siden</u>.　　hovedsetning

2. Der ser du turistene <u>som nettopp har vært på Bygdøy</u>.　　bisetning

3. Det er den beste boka <u>jeg noen gang har lest</u>.　　bisetning

4. Jeg håper <u>at de ikke kommer for seint til timen!</u>　　bisetning

5. Hva skal du gjøre <u>når du endelig kommer til Norge?</u>　　bisetning

6. <u>Når skal du besøke slektningene dine igjen?</u>　　hovedsetning

7. Kom du nettopp nå, <u>eller har du vært her en stund?</u>　　hovedsetning

8. Jeg har ikke lest boka ennå, <u>og jeg skal ikke lese den snart</u>.　　hovedsetning

9. Jeg skal ikke til Norge i sommer, <u>for jeg har ikke råd til det</u>.　　hovedsetning

10. Vi kan sitte ute og drikke kaffe <u>hvis været er godt</u>.　　bisetning

B. <u>Sett adverbet til venstre på riktig plass i setningen</u>.

(aldri) 1. Været ble (<u>aldri</u>) bedre.

(ikke) 2. Hvis været (<u>ikke</u>) blir bedre, kan vi ikke gå på ski i morgen.

(alltid) 3. Siden de (<u>alltid</u>) var borte, så vi dem nesten aldri.

(endelig) 4. Hva skal du gjøre når du (<u>endelig</u>) kommer til Norge?

(ofte) 5. Jeg forstår ikke hvorfor de (<u>ofte</u>) gjorde det.

(aldri) 6. Han visste mye om Norge selv om han (<u>aldri</u>) hadde vært der.

(alltid) 7. Hun kommer (<u>alltid</u>) for seint til timen.

(ofte) 8. De besøker (<u>ofte</u>) Norge om sommeren.

(nettopp) 9. Hvor er turistene som (<u>nettopp</u>) kom til byen?

(nettopp) 10. Turistene kom (<u>nettopp</u>) til byen.

(noen gang)11. Der borte ser du de hyggeligste menneskene
             jeg (noen gang) har kjent.
(også)   12. Vi spiste (også) middag på en fin restaurant.

(ikke)   13. Siden vi (ikke) hadde lov til å kjøre fortere
             enn 50/t, gjorde vi det ikke.
(ikke)   14. Alle bilene i Norge kommer fra utlandet, for
             nordmenn lager (ikke) biler selv.
(ikke)   15. Mange biler kommer fra Japan, men det er (ikke)
             mange amerikanske biler i Norge.
(ikke)   16. Alle bilene i Norge kommer fra utlandet, fordi
             nordmenn (ikke) lager biler selv.
(ikke)   17. Hvis jeg bodde så langt fra skolen, kunne jeg
             (ikke) gå til forelesningene mine.
(ikke)   18. Han sier at han (ikke) kan komme til festen.

(snart)   19. De sa at de (snart) måtte gå.

(sjelden) 20. Elevene sa at de (sjelden) forstod leksen.

(sjelden) 21. Læreren forstod (sjelden) elevene.

(nesten) 22. Her er billettene jeg (nesten) glemte å kjøpe.

(aldri)   23. Hun glemte (aldri) fødselsdagen min.

(alltid) 24. Han ringer (alltid) til meg før jeg legger meg
             om kvelden.
(også)   25. De besøkte (også) mange interessante museer.

C. Spørsmål

1. Hvor plasserer vi adverbet i en hovedsetning? Etter verbet

2. Hvor plasserer vi adverbet i en bisetning? Foran verbet

3. Hvilken konjunksjon -- som eller at -- er underforstått
   i disse setningene?

   a) Det er den beste filmen jeg har sett.   som
   b) Jeg tror han skal besøke oss i morgen.   at
   c) Her er boka han gav meg i går.   som
   d) Hun sa mange ting jeg ikke forstod.   som
   e) Er det noe du ikke forstår?   som
   f) Jeg håper de ikke kommer for seint.   at
   g) De sa de hadde sett henne i butikken.   at
   h) Hvor er butikken de så henne i?   som
   i) Visse du han var her i går?   at
   j) La oss finne restauranten vi spiste
      på i går.   som
   k) Får jeg låne de bøkene du allerede
      har lest?   som
   l) Han gikk så fort han kunne.   som

D. Skriv de fire formene av disse verbene:

	infinitiv	presens	imperfektum	perfektum
to be able to	å kunne	kan	kunne	har kunnet
to want to	å ville	vil	ville	har villet
to have to	å måtte	må	måtte	har måttet
to ought to	å burde	bør	burde	har burdet
to be going to	å skulle	skal	skulle	har skullet

E. Oversett til norsk:

1. They ought to be able to understand the signs.

    De burde kunne forstå skiltene.

2. We have always wanted to buy a new car.

    Vi har alltid villet kjøpe en ny bil.

3. The students had to be able to write well.

    Studentene måtte kunne skrive godt.

4. It is good to be able to speak German when one is in Germany.

    Det er godt å kunne snakke tysk når en er i Tyskland.

5. It would have been more expensive if we had wanted to live on the twelfth floor.

    Det ville ha vært dyrere hvis vi hadde villet bo i tolvte etasje.

F. Ordforråd. Sett inn de riktige ordene:

1. Veiene i Norge er både __gode__ og __dårlige__ .
                              (good)   (bad)

2. Som regel er de __smale__ med __bratte__ __bakker__ .
                      (narrow)   (steep)   (hills)

3. Det er ofte __skarpe__ __svinger__ i fjellveiene.
                  (sharp)   (curves)

4. Det er både __dyrt__ og __vanskelig__ å bygge
                  (expensive) (difficult)
    veier i Norge.

5. Det er mange __viktige__ __skilt__ __langs__ veiene.
                   (important) (signs) (along)

6. Skiltene som viser __fartsgrensen__ er __runde__ med
                         (the speed limit)   (round)

    __svarte__ __tall__ .
     (black)   (numbers)

7. E-6 er Norges __lengste__ vei. Den går gjennom
        (longest)
   __den lange__ Gudbrandsdalen.
    (the long)

8. De fleste bilene i Norge er __små__.
                                (small)

9. En __liten__ bil er bedre på __de smale veiene__ enn en
      (small)   (the narrow roads)

   __stor__ bil.
    (large)

10. Det er ikke mange __amerikanske__ biler i Norge.
                       (American)

11. Folk som ikke blir __sjøsyke__ liker å ta båten.
                        (seasick)

12. __Plutselig__ ble han __sjøsyk__ og måtte legge seg.
     (Suddenly)   (seasick)

G. __Oversett til norsk:__

1. We had to stay home because of the bad weather.

   __Vi måtte bli hjemme på grunn av det dårlige været.__

2. Do we have permission to smoke here?

   __Har vi lov til å røyke her?__

3. As a rule I go to the library when I want to read.

   __Som regel går jeg til biblioteket når jeg vil lese.__

4. He always asks her when he doesn't understand what they say.
                (henne alltid)
   __Han spør alltid henne når han ikke forstår hva de sier.__

5. How fast do we have permission to drive here on the bridge?

   __Hvor fort har vi lov til å kjøre her på brua?__

21. prøve (24. kapittel)

Navn _____
Dag _____
Dato _____

I. Muntlig

A. Diktat: Skriv det du hører på norsk. (Write what you hear in Norwegian, then underline the part that is read again. Rewrite the sentence with the underlined portion first, rearraging the word order as necessary.)

1. Alle nordmenn har rett til å få hjelp <u>fordi de lever i en velferdsstat.</u>

   <u>Fordi de lever i en velferdsstat</u>, har alle nordmenn rett til å få hjelp.

2. De får trygd <u>når de ikke kan arbeide.</u>

   <u>Når de ikke kan arbeide,</u>får de trygd.

3. Hvis de blir syke, <u>får de legehjelp.</u>

   <u>De får legehjelp</u> hvis de blir syke.

4. Jeg måtte bli hjemme <u>fordi jeg var syk.</u>

   <u>Fordi jeg var syk,</u> måtte jeg bli hjemme.

5. Vi kan ikke gå på ski <u>hvis været ikke blir bedre.</u>

   <u>Hvis været ikke blir bedre,</u> kan vi ikke gå på ski.

6. Da han kom hjem, <u>spiste vi en god middag.</u>

   <u>Vi spiste en god middag</u> da han kom hjem.

B. Skriv det du hører på norsk og så sett det inn i setningen til høyre:

1. Legen kommer aldri.

2. Vi må legge deg inn på sykehuset.

3. De ringte ikke etter sykebilen.

4. Du har forandret deg.

5. Legen undersøkte ikke pasienten.

6. Norge tar godt vare på innbyggerne sine.

7. Har han vondt i halsen?

8. Hvor gjør det vondt?

Jeg er redd for at legen aldri kommer.

Jeg er redd for at vi må legge deg inn på s.

Jeg er redd for at de ikke ringte etter sykebilen.

Jeg er sikker på at du har forandret deg.

Jeg er sikker på at legen ikke undersøkte pasienten.

Jeg er sikker på at Norge tar godt vare på innbyggerne sine.

Jeg lurer på om han har vondt i halsen.

Jeg lurer på hvor det gjør vondt.

C. Hva heter det på norsk? (Give the name of the part of the body
that is pointed out. Be sure to indicate whether en, ei or et,
and give the plural form when it is asked for:)

1. (forehead) en panne

2. (face) et ansikt

3. (nose) en nese

4. (mouth) en munn

5. (chin) en hake

6. (ear) et øre

7. (heart) et hjerte

8. (thigh) et lår   Flertall

9. (eye) et øye   to øyne

10. (shoulder) en skulder   to skuldrer

11. (hand) en hånd   to hender

12. (foot) en fot   to føtter

13. (knee) et kne   to knær

14. (toe) ei tå   ti tær

15. (finger) en finger   ti fingrer

16. (cheek) et kinn   to kinn

D. Skriv de andre tre formene av:

et bein   bein

beinet   beina

II. Skriftlig

A. Hvordan sier vi det på norsk?

1. I have a headache Jeg har vondt i hodet.

2. She has a sore throat Hun har vondt i halsen.

3. He has a stomach ache Han har vondt i magen.

4. Do you have a backache? Har du vondt i ryggen?

5. Where does it hurt? Hvor gjør det vondt?

B. <u>Skriv ferdig disse setningene:</u>

1. Når jeg kommer til Norge, _____

2. Etter timen i dag, _____

3. Hvis jeg hadde mange penger, _____

4. Da jeg stod opp i morges, _____

5. Hvis jeg sitter for lenge på biblioteket,_____

C. <u>Oversett til norsk:</u>

1. Because Svein had terrible pains, the doctor had to come
   and examine him.

   <u>Fordi Svein hadde forferdelige smerter, måtte legen
   komme og undersøke ham.</u>

2. After the operation Svein looked pale.

   <u>Etter operasjonen så Svein blek ut.</u>

3. "Hold your breath," the doctor said.

   <u>"Hold pusten," sa legen.</u>

4. I'm afraid you haven't changed.

   <u>Jeg er redd for at du ikke har forandret deg.</u>

5. The patient wondered why the doctor never examined him.

   <u>Pasienten lurte på hvorfor legen aldri undersøkte ham.</u>

6. We were sure they weren't sick.

   <u>Vi var sikre på at de ikke var syke.</u>

7. Are you sure the ambulance isn't coming?

   <u>Er du sikker på at sykebilen ikke kommer?</u>

8. Congratulations! When did you (pl) get engaged?

   <u>Gratulerer! Når forlovet dere dere?</u>

D. <u>Hvordan sier vi det på norsk?</u>

1. thanks anyway _____ <u>ellers takk</u> _____

2. the latest news _____ <u>siste nytt</u> _____

3. right away _____ <u>med en gang</u> _____

4. in the middle of the night <u>midt på natten</u>

5. how are you? _____ <u>hvordan står det til?</u>

6. to take care of _____ <u>å ta vare på</u>

22. prøve (25. kapittel)

Navn _____
Dag _____
Dato _____

I. **Muntlig:**
   Diktat. Skriv det du hører på norsk og si om setningen er <u>aktiv</u> eller <u>passiv</u>:

   A. Norge er ingen stormakt, men det er et
      fredelig sted å bo.   <u>aktiv</u>

   B. Landet blir rikere og rikere på grunn av oljen.   <u>aktiv</u>

   C. Mange spørsmål ble stilt av ekspertene.   <u>passiv</u>

   D. Kysten og strendene kan ødelegges av oljen.   <u>passiv</u>

   E. Norge er en del av den vestlige verden
      politisk, økonomisk og geografisk sett.   <u>aktiv</u>

   F. Oljen kan skade dyrelivet og fuglelivet.   <u>aktiv</u>

   G. Oljeplattformer ble bygd istedenfor skip.   <u>passiv</u>

   H. Norske sjømenn ble "off-shore"- arbeidere.   <u>aktiv</u>

   I. Einar Gerhardsen betraktes av mange som Norges
      største statsmann i det 20. århundre.   <u>passiv</u>

   J. Det blir stadig mer forurensning i Norge.   <u>aktiv</u>

   K. Norge ble medlem av NATO i 1949.   <u>aktiv</u>

   L. Spørsmålet om norsk medlemskap i NATO bringes
      opp ved hvert valg.   <u>passiv</u>

II. **Skriftlig**

   A. <u>Sett inn 'hva/hva som' eller 'hvem/hvem som':</u>

      1. Ingen vet <u>hva som</u> vil skje hvis det kommer en
         ny utblåsning.

      2. Så du <u>hvem</u> hun var sammen med?

      3. Jeg hørte ikke <u>hva som</u> ble sagt.

      4. Vet du <u>hvem som</u> kom på møtet?

      5. Han visste ikke <u>hva</u> spørsmålet var.

      6. Så du <u>hva som</u> skjedde?

      7. Vet du <u>hva som</u> har blitt gjort med det?

      8. Jeg så ikke <u>hvem som</u> gjorde det.

B. **Bøy disse verbene og si hva de betyr:**

infinitiv	presens	imperfektum	perfektum	betydning
1. å finne	+r	fant	har funnet	to find
2. å velge	+r	valgte	har valgt	to choose (to elect)
3. å forsvinne	+r	forsvant	har forsvunnet	to disappear
4. å greie	+r	greide	har greid	to manage
5. å ødelegge	+r	ødela	har ødelagt	to ruin

C. **Bøy disse to verbene i passiv og si hva alle formene betyr:**

infinitiv	presens	imperfektum	perfektum
1. å bli funnet	blir funnet	ble funnet	har blitt funnet
to be found	is found	was found	has been found
2. å bli ødelagt	blir ødelagt	ble ødelagt	har blitt ødelagt
to be ruined	is ruined	was ruined	has been ruined

D. **Oversett til norsk:**

1. Svein was examined by the doctor.
   Svein ble undersøkt av legen.
2. He has been driven to the hospital.
   Han har blitt kjørt til sykehuset.
3. He had never been so sick before.
   Han hadde aldri vært så syk før.
4. I don't know what is being done about (with) it.
   Jeg vet ikke hva som blir gjort med det.
5. The dinner was served, and the food was good.
   Middagen ble servert, og maten var god.
6. The passport has been found.
   Passet har blitt funnet.
7. A man has been here with it.
   En mann har vært her med det.
8. I don't like to be sick, and I don't like to be examined.
   Jeg liker ikke å være syk, og jeg liker ikke å bli undersøkt.

E. <u>Oversett til norsk</u>. Use passive with -s for those sentences which
   are passive:

   1. (The) society is constantly being changed.
      <u>Samfunnet forandres stadig.</u>

   2. Some Norwegians are conservative and others are liberal.
      <u>Noen nordmenn er konservative og andre er liberale.</u>

   3. The government is often criticized by the people.
      <u>Regjeringen kritiseres ofte av folket.</u>

   4. The taxes must be paid now.
      <u>Skattene må betales nå.</u>

   5. The taxes must be very high in Norway.
      <u>Skattene må være svært høye i Norge.</u>

   6. The members have not been here yet.
      <u>Medlemmene har ikke vært her ennå.</u>

F. <u>Skriv om til aktiv:</u>

   1. Norske oljeprodukter blir solgt av Norol.
      <u>Norol selger norske oljeprodukter.</u>

   2. Norges Venstre-parti ble delt i to av EF- striden.
      <u>EF-striden delte Norges Venstre-parti i to.</u>

   3. Når skal representantene bli valgt? (av nordmenn)
      <u>Når skal nordmenn velge representantene?</u>

   4. Mange er redd for at kysten og strendene har blitt
      ødelagt av oljen.
      <u>Mange er redd for at oljen har ødelagt kysten og strendene.</u>

   5. Utblåsningen måtte stoppes av ekspertene.
      <u>Ekspertene måtte stoppe utblåsningen.</u>

G. <u>Skriv om til passiv med -s.</u>(Leave out the 'av...' phrase.)

   1. Hvert år bygger arbeiderne mange nye plattformer.
      <u>Hvert år bygges (det) mange nye plattformer.</u>

   2. Representantene må veie begge sider av spørsmålet.
      <u>Begge sider av spørsmålet må veies av representantene.</u>

   3. Hvert fjerde år velger nordmennene stortingsrepresentanter.
      <u>Hvert fjerde år velges stortingsrepresentanter.</u>

   4. Hvis flere fosser forsvinner, vil vi miste uerstattelige
      verdier.
      <u>Hvis flere fosser forsvinner, vil uerstattelige verdier mistes.</u>

   5. Mange sier at Norge bruker for mange penger på oljeindustrien.
      <u>Det sies at for mange penger brukes på oljeindustrien.</u>

H. Skriv om til passiv med bli:

1. Hver sommer tar turister mange bilder i Norge.

    Hver sommer blir mange bilder tatt av turister i Norge.

2. Gjestene drakk kaffen.

    Kaffen ble drukket av gjestene.

3. De fleste nordmenn så på oljeindustrien med mer skepsis
    etter utblåsningen.

    Oljeindustrien ble sett på med mer skepsis av de
    fleste nordmenn etter utblåsningen.

4. Oljen kan skade dyrelivet og fuglelivet.

    Dyrelivet og fuglelivet kan bli skadet av oljen.

5. Et oljeselskap kjøpte huset.

    Huset ble kjøpt av et oljeselskap.

23. prøve (26. kapittel)

Navn _____
Dag _____
Dato _____

I. <u>Muntlig</u>

A. <u>Skriv det du hører på norsk og så skriv setningen om med 'hvis':</u>

1. Blir han ikke syk igjen, kan vi gå tur i morgen.
   <u>Hvis han ikke blir syk igjen, kan vi gå tur i morgen.</u>

2. Regner det ikke på søndag, skal vi gå på ski.
   <u>Hvis det ikke regner på søndag, skal vi gå på ski.</u>

3. Går alt som det skal, blir vi mann og kone om to uker.
   <u>Hvis alt går som det skal, blir vi mann og kone om to uker.</u>

4. Kommer de ikke snart, må vi begynne uten dem.
   <u>Hvis de ikke kommer snart, må vi begynne uten dem.</u>

B. <u>Skriv det du hører på norsk og så skriv setningen om uten 'hvis':</u>

1. Hvis det koster mer enn tre hundre kroner, har jeg ikke råd til å kjøpe det.
   <u>Koster det mer enn tre hundre kroner, har jeg ikke råd til å kjøpe det.</u>

2. Hvis det ikke snør i morgen, kan vi ikke gå på ski.
   <u>Snør det ikke i morgen, kan vi ikke gå på ski.</u>

3. Hvis jeg får et godt tilbud, kan jeg kjøpe leiligheten.
   <u>Får jeg et godt tilbud, kan jeg kjøpe leiligheten.</u>

4. Hvis vi kommer til Oslo, skal vi helt sikkert besøke deg.
   <u>Kommer vi til Oslo, skal vi helt sikkert besøke deg.</u>

C. <u>Skriv det du hører på norsk og så skriv det om til indirekte tale:</u>

1. "Når skal de gifte seg?" spurte han.
   <u>Han spurte om når de skulle gifte seg.</u>

2. "Jeg orker ikke å holde en tale til!" sa Svein.
   <u>Svein sa at han ikke orket å holde en tale til.</u>

3. "Du har ikke forandret deg," sa Jorunn til Svein.
   <u>Jorunn sa til Svein at han ikke hadde forandret seg.</u>

4. "Jeg kommer aldri til å gifte meg," sa Svein.
   <u>Svein sa at han aldri kom til å gifte seg.</u>

5. "Vi har forlovet oss," sa Jorunn og Jens-Petter.
   <u>Jorunn og Jens-Petter sa at de hadde forlovet seg.</u>

6. "Jeg har aldri vært i et bryllup før," sa gutten.
   <u>Gutten sa at han aldri hadde vært i et bryllup før.</u>

II. Skriftlig

    A. <u>Sett inn de riktige ordene:</u>

       1. Vi har bestemt <u> oss for å </u> reise til Norge.

       2. Bestemte du <u> deg for å </u> kjøpe den nye bilen allikevel?

       3. Er du enig <u> med </u> meg <u> i </u> det?

       4. Han var enig <u> med </u> henne <u> i at </u> hun skulle beholde
          sitt eget etternavn.

       5. Alle var enige <u> om at </u> vi skulle ringe til ham.

       6. Alle ventet <u> på at </u> bruden <u> skulle </u> komme.

       7. De ville <u> at </u> vi <u> skulle </u> holde en tale.

       8. Han vil <u> at </u> du ikke <u> skal </u> le av ham.

    B. <u>Skriv om med riktig tid av verbet i parentes.</u> (Show that the
       <u>action continued over an extended period of time.)</u>

       1. Han talte i to timer. (å stå)

          <u>Han stod og talte i to timer.</u>

       2. De ler av oss. (å sitte)

          <u>De sitter og ler av oss.</u>

       3. Gjestene spiste hovedretten. (å sitte)

          <u>Gjestene satt og spiste hovedretten.</u>

       4. Han snakket med seg selv. (å gå)

          <u>Han gikk og snakket med seg selv.</u>

       5. Vi så på bildene. (å ligge)

          <u>Vi lå og så på bildene.</u>

       6. Hvor lenge har dere snakket? (å stå)

          <u>Hvor lenge har dere stått og snakket?</u>

    C. <u>Bøy disse verbene:</u>

	infinitiv	presens	imperfektum	perfektum
to lie	å ligge	ligger	lå	har ligget
to sit	å sitte	sitter	satt	har sittet
to stand	å stå	står	stod	har stått
to go/walk	å gå	går	gikk	har gått
to laugh	å le	ler	lo	har ledd

D. Skriv om med 'holde på med å':

1. Han satt og skrev de lange brevene.

   Han holdt på med å skrive de lange brevene.

2. Hun har stått og tatt bilder for avisen.

   Hun har holdt på med å ta bilder for avisen.

3. De gikk og bar bagasjen ut til bilen.

   De holdt på med å bære bagasjen ut til bilen.

E. Oversett på to måter som viser at handlingen foregår over et lengre tidsrom. (Translate two ways to show that the action takes place over an extended period of time.)

1. We were eating breakfast when the telephone rang.

   a) Vi satt og spiste frokost da telefonen ringte.

   b) Vi holdt på med å spise frokost da telefonen ringte.

2. You (pl) have been making dinner since you came home.

   a) Dere har stått og laget middag siden dere kom hjem.

   b) Dere har holdt på med å lage middag siden dere kom hjem.

3. How long have you been writing those letters?

   a) Hvor lenge har du sittet og skrevet de brevene?

   b) Hvor lenge har du holdt på med å skrive de brevene?

F. Det er tre ord som betyr 'to ask' på norsk. Bøy alle tre verb og bruk den riktige formen av det riktige verbet i setningene under:

infinitiv	presens	imperfektum	perfektum
1. å spørre	spør	spurte	har spurt
2. å be	ber	bad	har bedt
3. å stille	stiller	stilte	har stilt

1. Mannen __spurte__ turistene om de ville reise til Trondehim.

2. Turistene __stilte__ mange spørsmål om Trondheim.

3. Mannen __bad__ turistene om å betale med reisesjekker.

4. Han har gått og __bedt__ alle han har sett i bryllupet.

5. Har gjestene __spurt__ om hvor bruden er?

6. Pleier studentene __å stille__ så mange gode spørsmål?

G. <u>Oversett til norsk.</u> Bruk 'kommer til å':

   1. We are afraid that they will laugh at us.

      <u>Vi er redd for at de kommer til å le av oss.</u>

   2. Are you going to give the speech tomorrow?

      <u>Kommer du til å holde talen i morgen?</u>

   3. Siri is going to have to embroider her own bunad.

      <u>Siri kommer til å måtte brodere sin egen bunad.</u>

   4. Are you (pl) going to move into the apartment soon?

      <u>Kommer dere til å flytte inn i leiligheten snart?</u>

H. <u>Oversett til norsk:</u>

   1. Jorunn's parents wanted their daughter to get married in (the) church.

      <u>Foreldrene til Jorunn ville at datteren deres skulle gifte seg i kirken.</u>

   2. My relatives want me to visit them in Bergen.

      <u>Slektningene mine vil at jeg skal besøke dem i Bergen.</u>

   3. We have decided to ask him in.

      <u>Vi har bestemt oss for å be ham inn.</u>

   4. The students were agreed that they did not want to take the test.

      <u>Studentene var enige om at de ikke ville ta prøven.</u>

   5. The teacher did not agree with the students about that.

      <u>Læreren var ikke enig med studentene i det.</u>

   6. If you (pl) get married on Saturday, June 16th, we can come to the wedding. (Oversett på to måter -- med og uten 'hvis'.)

      a) <u>Hvis dere gifter dere på lørdag den sekstende juni, kan vi komme i bryllupet.</u>
      b) <u>Gifter dere dere på lørdag den sekstende juni, kan vi komme i bryllupet.</u>

   7. He asked me to do the dishes.

      <u>Han bad meg om å vaske opp.</u>

   8. He promised to love and honor his bride.

      <u>Han lovte å elske og ære sin brud.</u>

24. prøve (27. kapittel)

Navn _____
Dag _____
Dato _____

I. **Muntlig**

A. <u>Spørsmål</u>. Skriv det du hører på norsk og svar på spørsmålene.

1. Hva gjør de fleste nordmenn i påsken?

2. Hva pleier du å gjøre i påsken?

3. Hvor lenge varer påskeferien din?

4. Hva er du flink til å gjøre?

5. Hva er du glad i å gjøre?

6. Hva gleder du deg til å gjøre?

B. <u>Hva betyr det?</u> Du skal høre et ord. Si hva det betyr.

1. <u>drepende</u> -- killing   3. <u>smilende</u> -- smiling

2. <u>krevende</u>--demanding   4. <u>leende</u> -- laughing

§§ Hva kaller vi denne formen av verbet? <u>Presens partisipp</u>

II. **Skriftlig**

A. <u>Hva heter dagene i påsken på norsk?</u>

1. Palm Sunday _____ palmesøndag _____

2. Maundy Thursday _____ skjærtorsdag _____

3. Good Friday _____ langfredag _____

4. Easter Sunday _____ 1. påskedag _____

5. Easter Monday _____ 2. påskedag _____

B. <u>Bøy disse verbene:</u>

		infinitiv	presens	imperfektum	perfektum
1.	to plan	å planlegge	+r	planla	har planlagt
2.	to consist of	å bestå av	+r	bestod av	har bestått av
3.	to surround	å omgi	+r	omgav	har omgitt
4.	to reach	å rekke	+r	rakk	har rukket
5.	to kill	å drepe	+r	drepte	har drept
6.	to dare	å våge	+r	våget	har våget

C. <u>Oversett til norsk</u>:

    1. Most people are fond of hiking.
       <u>Folk flest er glad i å gå fottur.</u>

    2. They like to get away from the town and all the noise.
       <u>De liker å komme bort fra byen og alt bråket.</u>

    3. I'm looking forward to traveling to the mountains.
       <u>Jeg gleder meg til å reise til fjells.</u>

    4. They planned the trip carefully.
       <u>De planla turen nøye.</u>

    5. They had to make many purchases.
       <u>De måtte gjøre mange innkjøp.</u>

    6. They carried the equipment back and forth many times in the course of the week.
       <u>De bar utstyret fram og tilbake mange ganger i løpet av uken.</u>

    7. We must stay inside today. We don't want to get lost.
       <u>Vi må holde oss inne i dag.</u>
       <u>Vi har ikke lyst til å gå oss vill.</u>
       (<u>Vi vil ikke gå oss vill.</u>)

    8. The mountain is dangerous when the weather is ugly.
       <u>Fjellet er farlig når været er stygt.</u>

D. <u>Sett inn den riktige formen av det riktige ordet for 'get'</u>:

    1. Jeg __ble__ syk så jeg måtte hjem.

    2. Hun __kom__ ikke hjem før klokka tre i natt.

    3. Han __fikk__ et godt, langt brev fra henne i går.

    4. Hva pleier du å gjøre når du __blir__ syk?

    5. Hva skal du gjøre når du __kommer__ til Bergen?

    6. Bestefaren min har __blitt__ mye eldre siden jeg så ham sist.

E. <u>Sett inn den riktige formen av 'all' eller 'hele'</u>:

    1. Naboene våre kommer til å være borte __hele__ uken.

    2. Hva gjorde dere __hele__ tiden dere var borte?

    3. Vi har båret __alt__ utstyret til bilen.

    4. Sov du __hele__ natten?

    5. Gjestene spiste __all__ maten.

    6. Turistene skal være i Bergen __hele__ måneden.

E. <u>Oversett til norsk:</u>

1. The weather was not nice, so we stayed inside and played cards.

   <u>Været var ikke pent, så vi holdt oss inne og spilte kort.</u>

2. What are you going to do tomorrow? It depends on the weather.

   <u>Hva skal du gjøre i morgen? Det kommer an på været.</u>

3. Let's unpack our baggage.

   <u>La oss pakke ut bagasjen vår.</u>

4. It was good that he was good at driving because the roads were dangerous.

   <u>Det var godt at han var flink til å kjøre fordi veiene var farlige.</u>

5. Only 3 percent of Norway's area consists of agricultural land.

   <u>Bare tre prosent av Norges areal består av jordbruksland.</u>

6. I can imagine that it is a pleasure to sit in front of the fireplace and take it easy.

   <u>Jeg kan tenke meg at det er en fornøyelse å sitte foran peisen og ta det med ro.</u>

25. prøve (28. kapittel)

Navn _____

Dag _____

Dato _____

I. Muntlig

Diktat: Skriv det du hører på norsk: (New words are underlined.)

Kong Olavs hellighet[1]

Et års tid etter slaget ved Stiklestad ble Olavs lik gravd opp. Det fortelles at kongens hår og skjegg hadde vokst etter døden, og at mange under skjedde ved liket hans. Biskopen lyste ut at Olav var en helgen. Seinere ble liket lagt i et kostbart sølvskrin, og dette skrinet ble satt på høyalteret i Nidarosdomen. Mange gjorde lange reiser til Olavs sølvskrin. Nordmennene angret at de hadde drept en så hellig mann, og etter Olavs død, tok flere og flere den kristne tro.

Bøy alle verbene i diktaten.   Det er 14 verb i alt.

1. å bli	blir	ble	har blitt
2. å grave	graver	gravde	har gravd
3. å fortelle	forteller	fortalte	har fortalt
4. å ha	har	hadde	har hatt
5. å vokse	vokser	vokste	har vokst
6. å skje	skjer	skjedde	har skjedd
7. å lyse ut	lyser ut	lyste ut	har lyst ut
8. å være	er	var	har vært
9. å legge	legger	la	har lagt
10. å sette	setter	satte	har satt
11. å gjøre	gjør	gjorde	har gjort
12. å angre	angrer	angret	har angret
13. å drepe	dreper	drepte	har drept
14. å ta	tar	tok	har tatt

[1]Taken from Magnus Eriksen. Småstykker til diktat og gjenfortelling. (Oslo: Olaf Norlis Forlag, 1963).

II. <u>Skriftlig</u>:   Spørsmål

1. <u>Harald Hårfagre</u>:   Fortell hvorfor han het det, hva han gjorde
   og når han gjorde det.

2. To norske konger får æren for at kristendommen ble innført i
   Norge. De ble kronet Olav I og Olav II. Hva het de til
   etternavn?

3. Det var to viktige ting som skjedde i Norges historie omkring
   år 1000. Hva var de?

4. Hva skjedde på Stiklestad og når skjedde det?

5. Hva kaller vi den storhetsperiode som Norge hadde under Håkon
   Håkonson? (Det var i den perioden at store deler av det
   nåværende Sverige, Island, Grønland, Færøyene og øyene nord
   for Skottland kom inn under den norske trone.)

6. I denne sammen periode (nr. 5), som også var en blomstringstid
   kulturelt sett, skrev en islending en stor bok om Norges konger.
   Fortell enten hva han het eller hva boka het. (Hvis du husker
   begge deler, skal du få et ekstra poeng.)

7. 1066 er en viktig dato. Hva skjedde, hvor skjedde det og
   hvem ble drept?

8. <u>1349-1350</u>: Hva skjedde da og hva var resultatet av det?

9. Denne mannen ble admiral i den dansk-norske marine da han
   bare var 28 år gammel. Det fortelles mange historier om
   ham, som f. eks. den om at han fikk svenskene til å tro
   at han hadde mange flere soldater enn han egentlig hadde.
   Hva heter han?

10. Hvilken krig var det som han (nr. 9) var med i?
    (Den varte fra 1700-1721.)

11. Hva var det som Henrik Ibsen kalte "Firehundreårsnatten"?
    Når begynte og endte det?

12. Hvorfor er året 1814 en så viktig dato i Norges historie?

13. Hva skjedde i 1905?

14. Hvem ble Norges konge i 1905 og hva var han før han
     ble Norges konge?

15. Hva heter det som mennene fikk i 1898 og kvinnene fikk
     i 1913?

16. Var Norge med i den første verdenskrig?

17. Hvorfor heter 1930årene 'de harde trettiårene'?

18. Hva skjedde den 9. april 1940?

19. Når kom freden igjen? (Gi både år og dato.)

20. Hva hadde tyskerne på Rjukan? Hva prøvde de å lage der
     og hva kaller vi den gruppen som saboterte deres forsøk?

21. Hvor reiste Norges konge, kronprins, regjering og storting
     under krigen?

22. Hvilken organisasjon ble Norge medlem av i 1949?

23. Hvilken organisasjon ble Norge ikke medlem av i 1972?

24. Hvem er Norges konge nå og hvor lenge har han vært konge?

25. Hvem skal arve tronen etter ham (nr. 24)?

26. Fortell hva du vet om kronprinsen og familien hans.

BIBLIOGRAPHY

The following is a short list of books, magazines and pamphlets that you may find useful when seeking further information about language teaching methods, rules of Norwegian grammar and usage, or supplementary material to use in the classroom.

Allen, Edward David and Rebecca M. Valette. Classroom Techniques: Foreign Language and English as a Second Language. New York: Harcourt Brace Jovanovich, 1977.

Baro, Edvard, Leif Nordgreen and Svein Ole Statøen. Si det på norsk! Oslo: Friundervisningens Forlag, 1980.

Berlitz. Engelsk-norsk; Norwegian-English Dictionary. Riverside: McMillan and Company, 1974.

_____. Norwegian for Travelers. Riverside: McMillan and Company, 1970.

Berulfsen, Bjarne. Norsk uttaleordbok. Oslo: Aschehoug, 1969.

_____, Norwegian Grammar. Oslo: Aschehoug, 1966.

Cordtsen, Else and Marius Sandvei. Ordliste for folkeskolen. Oslo: Gyldendal, 1966.

Egner, Thorbjørn. I byen og på landet. Oslo: Cappelen, 1965.

_____, Yukon Gjelseth, Alf Prøysen and Kåre Seim. Den blå store viseboka. Oslo: Cappelen, 1968.

_____. Den gule store viseboka. Oslo: Cappelen, 1970.

_____. Den røde store viseboka. Oslo: Cappelen, 1971.

Follestad, Sverre. Engelske idiomer. Oslo: Fabritius, 1972.

Fossestøl, Lundeby and Torvik. Morsmålet 1. Oslo: Cappelen, 1970.

Hankø, Odvar. Norsk grammatikk for handel og kontorarbeid. Oslo: Tanum, 1971.

Haugen, Einar. Norwegian English Dictionary. Madison: University of Wisconsin Press, 1965.

Jacobsen, Ruth Sommerfeldt and Philip Prømer. Syng med oss! Allsangboka for barna. Oslo: Harald Lyche and Co. Musikkforlag, 1945.

Kalvik, Finn. Bak min dør. Oslo: Gyldendal, ND.

_____. Finne meg sjæl. Oslo: Gyldendal, ND.

Bibliography

Nilsen, Lillebjørn. Flere viser. Oslo: Gyldendal, 1971.

_____. Trubadur til fots. Oslo: Gyldendal, 1969.

Popperwell, Ronald G. The Pronunciation of Norwegian. Cambridge: University Press, 1963. (Includes record.)

Sanglekene våre for små og store barn. Trondheim: F. Bruns Bokhandelsforlag, 1948.

Scharff, Kirsten. 30 ideer til språkundervisningen. Oslo: Friundervisningens Forlag, 1978.

Schanche, Angelique. Levende dikt i norsk lyrikk. Oslo: Cappelen, 1963.

Spinnvåg, Øystein. Dialoger i norsk. Oslo: Friundervisningens Forlag, 1979.

Strandskogen, Åse-Berit. Norsk fonetikk for utlendinger. Oslo: Gyldendal, 1979. (Including 4 tapes of phonetic exercises.)

_____ and Rolf Strandskogen. Norsk for utlendinger. Oslo: Gyldendal, 1977.

Stamnes, Arne. Bedre norsk. Oslo: Universitetsforlaget, 1977.

Sverdrup, Sandvei and Fossestøl. Tanums store rettskrivnings ordbok. Oslo: Tanum, 1974.

Søraas, Lars. Sangboka. Oslo: A. S. Lunde Forlag, 1960.

Torvik, Arne. Norsk for voksne: Språklære. Oslo: Universitetsforlaget, 1974.

Valette, Rebecca. Modern Language Testing. New York: Harcourt Brace Jovanovich, 1977.

Vestley, Anne-Cath. Barnas store sangbok. Oslo: Cappelen, 1972.

Vinje, Finn-Erik. Moderne norsk. Råd og regler for praktisk bruk. Oslo: Universitetsforlaget, 1979.

_____. Skriveregler. Oslo: Aschehoug, 1973.

§§

You may also find articles in the following two journals to be of interest:
Foreign Language Annals. The American Council on the Teaching of Foreign Languages, 62 Fifth Ave., New York, N.Y. 10011.
Modern Language Journal. The National Federation of Modern Language Teachers Associations, 13149 Cannes Drive, St. Louis, Mo. 63141